Das orientalische Kochbuch

Für Milena Ela, den jüngsten Spross der Tatlıcı-Familie
UP, KT & ÖT

Für Sasan und Sirus
AR

Ulrike Plessow

Das orientalische Kochbuch

Bilder, Geschichten und Rezepte der Familie Tatlıcı

Mit Illustrationen von
Annegret Ritter

Verlagshaus Jacoby Stuart

Inhalt

Mezeler, Vorspeisen und Salate

Suppen und Eintöpfe

Köfte

Fleisch und Geflügel

Fisch

Beilagen

Börek und Pide

Süßes und Getränke

Anhang

BUKAREST
Rumänien
Serbien
Bulgarien
SOFIA
Mazedonien
Griechenland
THESSALONIKI
Bosporus
ISTANBUL
Marmarameer
IZMIR
Ägäis
ATHEN
Kreta
Mittelmeer

Russland
SOTSCHI
Georgien
warzes Meer
ANKARA
rkei
ADANA
Hatay
GAZIANTEP
ANTAKYA
ALEPPO
Syrien
LATAKIA
ches
n
Zypern
Libanon
Irak

Die orientalische Küche

Die Familie meines Mannes Özgür Tatlıcı, von der die orientalischen Rezepte dieses Kochbuches stammen, lebt in Antakya in der türkischen Provinz Hatay, also inmitten des sogenannten Fruchtbaren Halbmondes, des Gürtels, der sich am Rand der Gebirge von der Mittelmeerküste durch Nordsyrien und den Nordirak und entlang der Grenze zum Iran hinzieht. Man kann diesen Fruchtbaren Halbmond als das Zentrum der orientalischen Küche betrachten, die sich in alle arabischen Länder bis in den Maghreb ausgebreitet hat und natürlich auch die türkische Küche mit geprägt hat. Und das Zentrum dieses Zentrums ist Antakya, jedenfalls für seine Bewohner. Und so haben wir für dieses Kochbuch unsere ganz persönlichen Lieblingsrezepte der orientalischen Küche zusammengetragen, die in der kosmopolitischen Stadt Antakya allgegenwärtig sind.

In Antakya leben Sunniten, Alawiten, Juden und Christen, Türken, Araber und Kurden. Auch die Tatlıcıs gehören zur arabischen Minderheit in der Türkei – die ältere Generation, wie Özgürs Oma, hat nie Türkisch gelernt. Und genauso wie arabisch gesprochen und gefeiert wurde, wurde natürlich auch immer schon orientalisch gekocht. Von den zahlreichen Mezeler (Vorspeisen) über kräftig gewürzte Fleischspeisen bis hin zu den süßen Leckereien zum Tee – immer bietet die Küche Antakyas orientalische Spezialitäten aus dem gesamten Fruchtbaren Halbmond an.

Wenn man sich die türkische Landkarte anschaut, sieht man am östlichsten Eck des Mittelmeeres einen Zipfel Türkei, der frech nach Süden ragt und von syrischen Grenzen umgeben ist. Seit 1939 steht dieser Küstenstreifen nicht mehr zusammen mit Syrien unter französischem

Mandat des Völkerbundes, sondern gehört zur Türkei, denn Hatay hatte sich 1939 per Volksentscheid der modernen, von Kemal Atatürk begründeten, türkischen Republik angeschlossen. Doch noch immer ist diese Region durch Verwandtschafts- und Handelsbeziehungen eng mit dem Nachbarland Syrien verbunden.

Antakya, das antike Antiochia, wurde von der Familie Tatlıcı immer als kosmopolitische Stadt mit einem bunten Religions- und Völkergemisch erlebt. Zeitweise wohnte Özgür mit seinen Eltern und seiner Schwester in einem Haus, das Juden gehörte. Mit den jüdischen Vermieterkindern zu spielen war völlig normal, und auf dem Schulweg an der griechisch-orthodoxen Kirche direkt an der belebten Einkaufsstraße in der Altstadt vorbeizulaufen, ebenso. Seit über 2000 Jahren ist die Stadt am Orontes ein Verkehrsknotenpunkt zwischen dem Nahen Osten und Europa. Genau wie zu Damaskus, Beirut, Jerusalem und anderen Metropolen der Levante gehört die ethnische und religiöse Vielfalt seit jeher zur Identität dieser Stadt.

Ein Onkel von Özgür kam übrigens zu unerwartetem Ruhm, als ein GEO-Reporter ihn porträtierte. Anlass war der aus deutscher Perspektive ungewöhnliche Umstand, dass Onkel Alaattin als Muslim sein Geld damit verdiente, christliche Ikonen zu malen und zu restaurieren. Sogar der Vatikan zählte zu seinem Kundenkreis.

Ein Cousin wiederum singt im weltberühmten 55-köpfigen Antakya Medeniyetler Korosu, zu deutsch: Chor der Kulturen oder Chor der Zivilisationen. Sie singen Volkslieder unterschiedlichster Herkunft: türkische, armenische, kurdische, griechische, jüdische und arabische. Der Chor der

Zivilisationen sieht es als seine Aufgabe an zu zeigen, dass das Zusammenleben unterschiedlicher Kulturen ein großer Reichtum ist. Auf einer seiner weltweiten Tourneen trat der Chor unter dem Motto »Musik – Brücke zwischen Völkern, Religionen und Kulturen« im Französischen Dom in Berlin auf, wofür meine Schwiegermutter Kahire, Özgür und ich Karten ergattern konnten. Ein bewegendes Erlebnis!

Aber nicht nur Musik bildet eine Brücke zwischen den Völkern; ebenso tut es die Küche. Und insbesondere die orientalische Küche ist ein sehr gutes Beispiel dafür. Wir wünschen Ihnen viel Spaß mit diesem Buch, leckeres Essen und geselliges Beisammensein!

Ulrike Plessow

Mezeler, Vorspeisen und Salate

Zwei Zuhause

Nach dem deutsch-türkischen Anwerbeabkommen von 1961 zählten Semih und Kahire, die Eltern meines Mannes Özgür, zu den ersten, die in ihrer Heimat die Zelte abbrachen, um ihr Glück im Wirtschaftswunderland Deutschland zu suchen. Frisch verheiratet, noch ohne Kinder, dafür aber mit umso mehr Abenteuerlust, machten sie sich als Gastarbeiter auf den Weg nach Berlin; sie wollten Geld verdienen. Papa Semihs Traum war eine Druckmaschine, für die sparte er, und was immer darüber hinaus zum Leben nicht gebraucht wurde, sandten sie der Familie nach Hause.

Als sich dann aber nach einigen Jahren Nachwuchs ankündigte, schickte Semih seine hochschwangere Kahire nach Antakya zurück. Das erstgeborene Kind sollte in der Heimat, im Kreise der Familie, das Licht der Welt erblicken. Doch dabei blieb es nicht: Damit Kahire ihre gut dotierte Stelle bei Siemens nicht aufgeben musste, verbrachte Özgür auch sein erstes Lebensjahr bei der Großfamilie in Antakya, behütet von Oma Sakine und den zahlreichen Tanten. Auf den vielen Familienfotos aus dieser Zeit sieht Özgür fröhlich aus und ist stets umringt von ihn vergötternden Tanten und Onkeln. Seine Mutter Kahire war natürlich sehr traurig über diese Trennung, doch die Priorität war eindeutig: Es musste Geld verdient werden.

Erst ein Jahr später konnten Özgürs Eltern ihren Sohn in Deutschland in die Arme schließen, als nämlich Vecihe Teyze, Tante Vecihe, mit ihm im Gepäck nach Berlin folgte. Kahire ging ihrer Arbeit weiter nach. Und so war es Vecihe, die den einjährigen Knirps auf Berliner Spielplätze führte oder ihn durch die Küche krabbeln ließ, während sie das Abendessen für die Familie vorbereitete. Vecihe hütet bis heute einen unermesslichen Schatz an traditionellen Rezepten, die sie stetig verfeinert hat. Eine ihrer Spezialität ist Maklube, oder wie es auf Arabisch heißt Ma'alube (s. S. 66–67), ein Auberginengericht, das die ganze Familie liebt.

Fleißig wie sie waren, konnten die Tatlıcıs in Berlin bald ein wirklich angenehmes Leben führen; sie hatten eine schöne Wohnung in Charlottenburg, schafften sich einen gebrauchten Käfer an, mit dem sie befreundete Gastarbeiterfamilien in Berlin Kreuzberg besuchten – und Özgür wurde von den Nachbarkindern um sein orangefarbenes Bonanzafahrrad beneidet.

Als Özgür neun Jahre alt war, gab es gegen das Heimweh der Eltern trotz allem kein Ankommen mehr. Die Familie verbrachte wie jeden Sommer einen herrlichen Urlaub in der alten Heimat und eröffnete Özgür und seiner vier Jahre jüngeren Schwester Özlem dort, dass sie nicht nach Deutschland zurückkehren würden. So sehr Özgür seine Großfamilie liebte und ihn der Gedanke an verlängerte Sommerferien begeisterte, so traurig war er doch, seine deutschen Freunde nicht wiedersehen zu

können: Jaqueline von nebenan, mit der er nicht nur gemeinsam zur Schule ging, sondern auch nachmittags in den Hort; Sandeep, der ihm das Schachspielen beigebracht hatte und ihm besonders nahestand, weil in seinem indischen Elternhaus auch alles ein bisschen anders war als bei den Deutschen.

Das Feriengefühl verflog dann auch schnell. Es musste eine Schule für »die Deutschen« gefunden werden, was gar nicht einfach war, denn die meisten Schulleiter wollten von den Zugezogenen erst einmal nichts wissen. Und da die Familiensprache Arabisch war, konnten Özgür und Özlem auch nicht ohne weiteres mit dem Türkisch der gleichaltrigen Kinder mithalten. Eine Nachhilfelehrerin musste her. Während sie Özgür also fortan mit türkischer Grammatik traktierte, spielten die anderen Kinder draußen Fußball oder mit Murmeln und Holzkreiseln. Doch Özgürs Anstrengungen wurden belohnt, und er bekam schon bald wieder gute Zensuren. Als dann auch noch sein heißgeliebtes Bonanzafahrrad aus einem der zwei riesengroßen LKW geladen wurde, mit denen das Hab und Gut der Tatlıcıs aus Berlin gebracht worden war, war Özgür fast versöhnt.

Aber dann wurde das tägliche Leben beschwerlich: Es gab politische Unruhen und Straßenschlachten zwischen linken und rechten Gruppen, die solch ein Chaos verursachten, dass Schulkinder – darunter Özgür und seine kleine Schwester Özlem – mit Militärgeleit zum Unterrricht gebracht werden mussten. Ein Onkel der Familie war in einer kommunistischen Studentenorganisation aktiv und nahm regelmäßig an Demonstrationen teil, was dazu führte, dass die Militärpolizei sich eines Nachts gewaltsam Zutritt zur Wohnung der Familie verschaffte. Sie waren gekommen, um den Onkel festzunehmen und – wie er später berichtete – unter Folter zu verhören.

Ganz und gar unerträglich wurde der Alltag, als es nicht mehr genug zu essen gab und Grundnahrungsmittel wie Brot, Zucker, Kaffee und Tee nur noch unter der Ladentheke gehandelt wurden. So wurden also Koffer und Kinder kurzerhand wieder gepackt und nach zwei turbulenten Jahren in der Heimat kehrte Özgür mit Özlem, Kahire und Semih nach Berlin zurück. Seine alten Freunde freuten sich, dass er wieder da war – und bald fühlte es sich so an, als sei er nie weg gewesen.

Tabouleh

Couscous-Salat

Ergibt 6 Portionen

150 g Couscous o. feiner Bulgur
Saft von 2 Zitronen
5 EL Olivenöl
4 Tomaten, feingewürfelt
2 Bund Frühlingszwiebeln, in feinen Ringen
2 Bund glatte Petersilie, feingehackt
2 Stengel Minze, feingehackt
½ TL gemahlener Kreuzkümmel
Salz
frisch gemahlener Pfeffer
1 Romanasalat zum Servieren nach Belieben

- In einer Schüssel Couscous in Zitronensaft und etwa 400 ml lauwarmem Wasser (je gröber der Couscous, desto mehr Wasser ist nötig) 10 Min. quellen lassen.
- Olivenöl unterrühren und gut durchziehen lassen.
- In einer weiteren Schüssel Tomaten, Frühlingszwiebeln, Petersilie und Minze vermischen und mit Kreuzkümmel, Salz und Pfeffer abschmecken.
- Unmittelbar vor dem Servieren mit dem Couscous vermengen.

Tipp: Sie können einzelne Blätter Romanasalat mit kleinen Portionen Tabouleh füllen und diese auf einem großen Teller anrichten. Diese »Salatschiffchen« sehen hübsch aus und können direkt aus der Hand gegessen werden.

Zahter-Salatası

Zahter-Salat

Ergibt 6 Portionen

100 g frischer Zahter, feingehackt
½ Bund glatte Petersilie, feingehackt
3 Frühlingszwiebeln, in feinen Ringen
2 EL Nar Ekşisi (Granatapfelsirup)
2 EL Olivenöl
1 EL Pul Biber (Paprikaflocken)
Salz

- In einer Schüssel Zahter, Petersilie und Frühlingszwiebeln vermengen.
- Mit Nar Ekşisi und Öl anmachen und mit Pul Biber und Salz würzen.

Tipp: Statt frischem Zahter können Sie auch getrockneten verwenden, davon dann aber nur die halbe Menge. Diese klein hacken, mit kochendem Wasser aufgießen und 10 Min. quellen lassen. Vor der Weiterverarbeitung durch ein Sieb geben. Den gewonnenen Sud kann man verdünnt und mit Honig gesüßt als Tee trinken, das hilft auch gegen Husten.

Sarma İç

Bulgursalat

Ergibt 6 Portionen

300 g İnce Bulgur (feiner Bulgur)
2 EL Biber Salçası (Paprikamark)
1 EL Tomatenmark
5 EL Olivenöl
Saft von ½ Zitrone
2½ EL Nar Ekşisi (Granatapfelsirup)
4 Frühlingszwiebeln, in feinen Ringen
1 mittelgroße Tomate, feingewürfelt
1 Bund glatte Petersilie, feingehackt
½ Bund Minze, feingehackt
1 TL Salz
1 EL Habak (getrocknetes Basilikum), zerrieben
3 Romanasalat-Herzen zum Servieren

- In einer großen Schüssel Bulgur mit kochendem Wasser übergießen und 20 Min. quellen lassen.
- Sorgfältig mit Biber Salçası, Tomatenmark, Olivenöl, Zitronensaft und Nar Ekşisi vermengen.
- Restliche Zutaten unterrühren, abschmecken und bei Bedarf mit Salz, Nar Ekşisi und Zitronensaft nachwürzen.
- Auf den Salatblättern anrichten und servieren. So kann der Salat auch direkt aus der Hand gegessen werden.

Dieses Rezept ist dem anatolischen Kısır sehr ähnlich. Antakyalıs legen aber sehr großen Wert auf das getrocknete Basilikum in ihrem Bulgur-Salat und verzichten auf große Mengen Tomaten sowie Paprika und Salatgurken.

Fettuş Salatası

Fattoush

Ergibt 6 Portionen

2 Romanasalat-Herzen
3 Tomaten, gewürfelt
1 Salatgurke (o. 2 Mini-Salatgurken) mit Schale, gewürfelt
3 Frühlingszwiebeln, in feinen Ringen
4 Radieschen, in dünnen Scheiben
½ Bund glatte Petersilie, feingehackt
½ Bund Nanaminze, feingehackt

Für das Dressing:
5 EL Olivenöl
1 Knoblauchzehe, gepresst
Saft von ½ Zitrone
½ TL Salz
frisch gemahlener Pfeffer
1 EL Sumak

Für die Croutons:
200 g Fladenbrot o. anderes Weißbrot
3 EL Rapsöl
1 TL Zahter (Getrockneter Thymian)
1 EL geröstete Sesamsamen
1 TL Sumak
1 Prise Salz

- Salat waschen, trockenschleudern und kleinzupfen oder -schneiden.
- In einer großen Schüssel mit Tomaten, Gurken, Frühlingszwiebeln und Radieschen vermengen. Petersilie und Minze unterheben.
- Für das Dressing in einer Schüssel alle Zutaten vermengen.
- Für die Croutons Fladenbrot in Würfel schneiden, Öl in einer Pfanne erhitzen und die Gewürze hineinrühren. Die Brotwürfel dazugeben und rösten.
- Das Dressing über den Salat geben und gut vermengen, die Croutons darüber verteilen und sofort servieren.

Tipp: Wer mag, kann auch noch einen Schuss Nar Ekşisi ins Dressing geben. In der Familie Tatlıcı ist das sehr beliebt!

Zeytin Salatası

Salat aus grünen Oliven

ERGIBT 4 PORTIONEN

250 g grüne Oliven, entkernt und in Salzwasser eingelegt
1 Tomate, feingewürfelt
1 milde grüne Peperoni, entkernt und feingehackt
1 Knoblauchzehe, gepresst
2 Stengel glatte Petersilie, feingehackt
2 EL Olivenöl
1 EL Nar Ekşisi (Granatapfelsirup)
1 TL Pul Biber (Paprikaflocken)

- In einer Schüssel alle Zutaten miteinander vermischen und vor dem Servieren 1 Std. kaltstellen.

Tipp: Zeytin Salatası ist ein ideales Mitbringsel zum Picknick, ergänzt aber auch jede gut gedeckte orientalische Tafel.

Çökelek Salatası

Çökelek-Salat

Ergibt 4 Portionen

100 g Çökelek-Käse
½ TL scharfe Biber Salçası (Paprikamark)
½ TL getrockneter Thymian, zerrieben
½ TL gemahlener Rosmarin
1 TL getrocknete Minze, zerrieben
1 Prise gemahlener Kreuzkümmel
1 Prise Salz
1 kleine Zwiebel, grob gehackt
2 Tomaten, feingewürfelt
10 Stengel glatte Petersilie, gezupft und feingehackt
6 EL Olivenöl

Am Vortag:

- In einer Schüssel Çökelek-Käse mit Biber Salçası, Thymian, Rosmarin, Minze, Kreuzkümmel und Salz vermischen und gründlich kneten, bis der Käse eine orangene Farbe angenommen hat und die Gewürze fest in den Käse gedrückt sind. Zu einer Kugel formen und 24 Std. mit einem Handtuch abgedeckt ruhen lassen.

Am nächsten Tag:

- Çökelek-Kugel mit einer Gabel zerbröseln und Zwiebel, Tomaten sowie Petersilie untermischen. Mit Olivenöl anmachen und vor dem Servieren 1 Std. ziehen lassen.

Çökelek Salatası ist ein typisches Gericht für ein ausgedehntes Sonntagsfrühstück. Wer aber morgens noch nicht so gern auf rohe Zwiebeln beißt, reduziert einfach die Zwiebelmenge.

Hummus

Kichererbsenpaste

Ergibt 1 grossen Teller

1 große Dose Kichererbsen (etwa 850 g)
4 EL Tahin (Sesampaste)
4 Knoblauchzehen, gepresst
2 TL Zitronensaft
2 TL Pul Biber (Paprikaflocken) plus ein wenig zum Dekorieren
1 EL gemahlener Kreuzkümmel
Salz
weißer Pfeffer, frisch gemahlen nach Belieben
2 EL Olivenöl

Als Dekoration:
etwas glatte Petersilie, feingehackt
einige Turşu (Pickles, z. B. eingelegte grüne Peperoni)
1 Tomate, geviertelt

- Kichererbsen abseihen, gründlich abspülen und zusammen mit Tahin, Knoblauch, Zitronensaft, Pul Biber und Kreuzkümmel pürieren. Dabei immer wieder kleine Mengen Wasser angießen (insgesamt etwa 100 ml), bis die Konsistenz schön cremig ist. Mit Salz und weißem Pfeffer abschmecken.
- Zum Servieren in die Mitte des Hummus' eine kleine Mulde drücken. 2 EL Olivenöl mit ein wenig Pul Biber vermengen und in die Mulde geben. Petersilie auf den Hummus streuen und – das hat sich bei den Tatlıcıs so durchgesetzt – am Rand einige Turşu und geviertelte Tomaten verteilen.

Statt der Kichererbsen aus der Dose können Sie auch getrocknete verwenden, diese aber mind. 12 Std. in Wasser einweichen und anschließend 20 Min. kochen, bevor Sie sie weiter verarbeiten. In diesem Fall können Sie das Kochwasser zum Verdünnen benutzen. Allerdings gilt auch unter arabischen Feinschmeckern die Dosenvariante als absolut akzeptabel.

Yaprak Sarması

Gefüllte Weinblätter

Ergibt etwa 60 Stück

500 g Weinblätter (aus dem Glas)
1 Knoblauchzehe, zerdrückt
1 große Tomate, in Scheiben

Für die Füllung:
250 g Rinderhackfleich
1 Zwiebel, gehackt
1 Knoblauchzehe, zerdrückt
1 TL getrocknete Minze, zerrieben
250 g Rundkornreis
1 EL Tomatenmark
1 EL Olivenöl
½ TL frisch gemahlener Pfeffer
½ TL Salz

- In einer Schüssel gründlich alle Zutaten der Füllung miteinander verkneten.
- Auf der Arbeitsfläche Weinblätter flach mit der adrigen Seite nach oben auslegen.
- Je etwa 1 EL der Füllung in der Form eines kleinen Fingers auf den unteren Rand eines jeden Weinblattes legen. Vom Stielende einmal fest eindrehen, dann die Seiten einklappen und bis zum Ende einrollen. Die gerollten Weinblätter sollten etwa 10 cm lang sein. Kaputte Weinblätter beiseitelegen.
- In einem großen Topf den Boden mit den kaputten Weinblättern auslegen und die Tomatenscheiben und verbliebene Knoblauchzehe darauf verteilen.
- Die gefüllten Weinblätter im Topf schichten und diesen mit Wasser auffüllen, bis alle Rollen bedeckt sind. Zum Beschweren einen Teller auflegen, damit sie sich später im kochenden Wasser nicht öffnen. Topf mit einem Deckel verschließen und gefüllte Weinblätter bei starker Hitze 15 Min. kochen, Hitze reduzieren und weitere 5 Min. kochen. Benutzen Sie zum Herausnehmen am besten eine Zange, um die gefüllten Weinblätter nicht zu beschädigen.

Das Rollen der Weinblätter dauert seine Zeit. Deswegen lassen sich die Frauen in Antakya gern von Freundinnen, Nachbarinnen und anderen weiblichen Familien-Mitgliedern helfen … Die perfekte Gelegenheit für dedikodu, *Klatsch und Tratsch.*

Salatali ve Soslu Falafel

Falafel mit Salat und Joghurtsauce

Ergibt 24 Falafel

Für die Falafel:
200 g getrocknete Kichererbsen
200 g weiße Bohnen aus der Dose
1 Zwiebel, grob gehackt
2 Knoblauchzehen, grob gehackt
½ Bund glatte Petersilie, grob gehackt
½ Bund Koriandergrün, grob gehackt
3 TL gemahlener Kreuzkümmel
Salz
frisch gemahlener Pfeffer
1 EL Backpulver
80 g Sesamsamen
Öl zum Frittieren

Für den Salat:
200 g Tomaten, in dünnen Scheiben
100 g Radieschen, in dünnen Scheiben
2 Frühlingszwiebeln, in feinen Ringen
10 Stengel frische Minze, feingehackt
5 Stengel frische Petersilie, feingehackt
Saft von ½ Zitrone
4 EL Olivenöl

- Kichererbsen 12 Std. in kaltem Wasser einweichen, dann kalt abspülen und gut abtropfen lassen.
- Für die Falafel die weißen Bohen kalt abspülen und mit den Kichererbsen, Zwiebel, Knoblauch, Petersilie, Koriandergrün, Kreuzkümmel, Salz und ordentlich Pfeffer in einer Küchenmaschine nicht allzu fein pürieren. Das Backpulver in 2 EL Wasser auflösen, unter die Masse mischen und diese etwa 10 Min. ruhen lassen.
- Mit nassen Händen etwa 24 glatte walnussgroße Bällchen formen, in den Sesamsamen wälzen und diese ein wenig andrücken.
- Für den Salat Tomaten, Radieschen und Frühlingszwiebeln mit den gehackten Kräutern vermengen, mit Salz und Pfeffer abschmecken. Zitronensaft und Olivenöl kräftig miteinander vermengen und unter den Salat rühren. Direkt vor dem Servieren noch einmal abschmecken.
- Den Joghurt mit 1 TL Kreuzkümmel und Salz abschmecken, die gehackte Minze hineinrühren und direkt vor dem Servieren noch einmal abschmecken.
- Das Frittieröl auf 180 °C erhitzen und die Falafel portionsweise in etwa 4 Min. goldbraun ausbacken, mit einem Schaumlöffel aus dem Öl heben und kurz auf Küchenpapier abtropfen lassen.

Für die Sauce:
150 g Joghurt (10% Fett)
½–1 TL gemahlener Kreuzkümmel
Salz
4 Stengel Minze, feingehackt

- Die heißen Falafel mit der Joghurtsauce und dem Salat sofort servieren. Sie können natürlich auch Pitabrote dazu reichen und jeder füllt sich sein Pitabrot mit Falafeln und Beilagen nach Geschmack. Dann müssten Sie noch zusätzlich Hummus (s. S. 30) und Tahin (s. S. 95) servieren.

Tipp: Falafel gehören auf jede orientalische Speisekarte. Es wird vermutet, dass sie ursprünglich aus Ägypten stammen, doch sie haben sich bereits vor langer Zeit von Nordafrika über den Nahen und Mittleren Osten in die ganze Welt verbreitet. Sie sollten knusprig goldbraun ausgebacken werden, und ihr grünliches Innere sollte weich sein und leicht nussig schmecken. Es gibt unzählige Varianten, aber wir haben uns hier für ein ganz klassisches Rezept entschieden.

Zengin

Pikante Tomatenpaste

Ergibt 1 grossen Teller

2 EL Biber Salçası (Paprikamark)
1 EL Habak (getrocknetes Bailikum), zerrieben
2 EL Nar Ekşisi (Granatapfelsirup)
4 EL Olivenöl
3 Frühlingszwiebeln, in feinen Ringen
1 große Tomate, feingewürfelt
3 Stengel glatte Petersilie, bis auf einige Blätter gehackt

- Biber Salçası, Habak, Nar Ekşisi und 2 EL Olivenöl verrühren.
- Frühlingszwiebeln und Tomatenwürfel vermengen und unter die Mischung rühren.
- Auf einem flachen Teller anrichten, mit gehackter Petersilie bestreuen und das restliche Olivenöl darüber träufeln. Mit den Petersilieblättern dekorieren.

Zengin darf wie die Joghurt-Auberginencrème Patlıcan Yoğurtlama (s. S. 36) auf keinem Meze-Teller fehlen und wird immer mit Pide (s. S. 109) gereicht.

Muhammara

Paprikapaste mit Walnüssen

Ergibt 1 grossen Teller

3 rote Spitzpaprika, entkernt und grob gewürfelt
100 g Walnüsse
4 Scheiben Zwieback, zerbröselt
2 Stengel Thymian, gezupft
1 Knoblauchzehe
2 EL Olivenöl
¼ TL Pul Biber (Paprikaflocken)
½ EL Biber Salçası (Paprikamark)
Saft von ½ Zitrone
1 TL gemahlener Kreuzkümmel
Salz
frisch gemahlener Pfeffer

- Einige Paprikawürfel und 4 Walnusshälften beiseitelegen.
- Die restlichen Zutaten in eine Schüssel geben und mit einem Pürierstab zerkleinern, bis eine Paste von sämiger Konsistenz entstanden ist. Mit Salz und Pfeffer abschmecken und 2 Std. ziehen lassen.
- Mit Walnusshälften und Paprikastücken dekorieren und servieren.

Tipp: Das Muhammara wird noch pikanter, wenn Sie die Paprika vor dem Pürieren etwa 20 Min. im heißen Backofen rösten und auch die Walnüsse kurz anrösten. Und was nicht sofort verzehrt wird, können Sie gut eingefrieren.

Patlıcan Yoğurtlama

Joghurt-Auberginencrème

Ergibt 1 grossen Teller

2 mittelgroße Auberginen
250 g Süzme-Joghurt
(o. Joghurt mit 10% Fett)
2 Knoblauchzehen, gepresst
Salz
Pul Biber (Paprikaflocken)
1 EL getrocknete Minze, zerrieben
2 EL Olivenöl

Als Dekoration:
1 Zweig Minze, gezupft
1 TL Pul Biber (Paprikaflocken)

- Den Backofen auf 250 °C vorheizen.
- Auberginen waschen, mit der Gabel mehrfach einstechen und im Backofen auf der mittleren Schiene etwa 40 Min. backen, bis die Schale schwarz und runzlig und das Innere weich ist.
- Auberginen längs aufschneiden, das Fruchtfleisch mit einem Löffel herauskratzen und zerkleinern.
- In einer Schüssel Joghurt mit Knoblauch vermengen und die zerkleinerten Auberginen gut unterrühren. Mit Salz und Pul Biber abschmecken.
- In einer Pfanne Olivenöl erhitzen und getrocknete Minze kurz darin anrösten. Über die Auberginencrème geben und mit Minze und Pul Biber dekorieren.

Baba Hannuş

Auberginenpaste

Ergibt 1 grossen Teller

4 Auberginen
3 Knoblauchzehen, gepresst
1 Zwiebel, feingehackt
2 Tomaten, feingewürfelt
3 Spitzpaprika, entkernt und in dünnen Scheiben
4 EL Olivenöl
Saft von 1 Zitrone
4 EL glatte Petersilie, gehackt
Salz

Als Dekoration:
einige Blätter glatte Petersilie
1 Tomate, geachtelt

- Den Backofen auf 250 °C vorheizen.
- Auberginen waschen, mit einer Gabel mehrfach einstechen und im Backofen auf der mittleren Schiene etwa 40 Min. backen, bis die Haut schwarz und verbrannt ist.
- Aus dem Backofen nehmen und die Haut abziehen. Das Fruchtfleisch mit einem Löffel herausschälen, in eine Schüssel geben und mit einer Gabel zerdrücken.
- Knoblauch, Zwiebel, Tomaten sowie Spitzpaprika hinzufügen und mit Olivenöl, Zitronensaft, Petersilie und etwas Salz würzen. Auf einem großen flachen Teller anrichten und mit Petersilieblättern und Tomatenspalten dekorieren.

Suppen und Eintöpfe

Liebe geht durch den Magen

Mit Mitte 30 hatte ich es mir zur Aufgabe gemacht, das Leben meiner 96-jährigen Großmutter, die in Berlin zuhause war, für ein Buchprojekt genau zu durchforsten. Also nahm ich mir eine Auszeit vom Büro und zog von Freiburg nach Berlin. Dort verbrachte ich die Tage mit einem Aufnahmegerät bei meiner Großmutter, und die Nächte auf der Salsa-Piste, denn Tanzen war mein Hobby.

Eines Abends war ich nach dem Tanzkurs gerade dabei, meine Salsaschuhe gegen solide Straßenschuhe auszutauschen, als plötzlich ein attraktiver Mann vor mir niederkniete – und mir die Stiefel schnürte! Ich war zwar schon einmal verheiratet gewesen, aber vor mir niedergekniet war tatsächlich noch niemand. Als sich dann auch noch heraus stellte, dass dieser Mann ein sehr guter Tänzer war, war es um mich geschehen ...

Doch nach drei Monaten wartete die Arbeit in Freiburg wieder auf mich. Für Özgür und mich war das der Beginn einer dreijährigen Fernbeziehung, die unsere Gefühle füreinander auf die Probe stellte. Wir wechselten uns ab: Zweimal im Monat fuhr ich am Freitagabend mit dem Nachtzug nach Berlin, an den anderen Wochenenden kam Özgür ins beschauliche Freiburg. Dabei wurde das Abholen am Bahnhof für den Besuchten zur lieben Pflicht. Für den Berliner Gentleman hieß das, um 7 Uhr morgens auf dem Bahnsteig zu warten.

Meist brauchte ich nach den nicht sehr geruhsamen Stunden im Zug eine ganze Weile, um wieder richtig zu mir zu kommen. Doch einmal, als wir Özgürs Neuköllner Domizil am frühen Morgen betraten, wurden meine Sinne schon im Hausflur durch einen köstlichen Duft geweckt! Özgür hatte sich nämlich daran erinnert, dass ich bei unserer ersten gemeinsamen Reise in die Türkei ganz hingerissen war von der Joghurt-Minzsuppe, die es dort zum Frühstück gab. Und so hatte er sich an diesem Samstagmorgen den Wecker in aller Herrgottsfrühe gestellt, um mich mit dieser »Liebessuppe« in seiner Junggesellenwohnung zu überraschen. Und die Überraschung war wirklich gelungen!

Özgürs Yayla Çorbası ist bis heute meine absolute Lieblingssuppe: erfrischend im Sommer, wärmend im Winter, tröstend bei schlechter Laune – und am zweiten Tag, aufgewärmt, schmeckt sie sogar fast noch besser als frisch gekocht.

Yayla Çorbası

Joghurtsuppe mit Minze

ERGIBT 6 PORTIONEN

1 Zwiebel, feingehackt
3 EL Pflanzenöl
100 g Reis, gewaschen
1 l Gemüsebrühe
3 EL getrocknete Minze, zerrieben
500 g Joghurt (3,5% Fett)
1 EL Mehl
1 Ei
Salz
3 EL Butter
1 TL Pul Biber (Paprikaflocken)

- In einem Topf Öl erhitzen und Zwiebel darin glasig-dünsten.
- Reis hinzufügen und anbraten, bis auch er leicht glasig ist.
- Gemüsebrühe angießen und 2 EL der getrockneten Minze hinzufügen.
- In einer Schüssel Joghurt mit Mehl und Ei vermengen und unter die heiße, aber nicht kochende Gemüsebrühe rühren. Bei geringer Hitze 15 Min. köcheln lassen, wenn nötig salzen.
- Währenddessen Butter in einer kleinen Pfanne erhitzen und die restlichen Minzblätter zusammen mit Pul Biber darin kräftig anbraten. Diese Buttermischung vor dem servieren in die Suppe oder auf die einzelnen Suppenteller geben.

Mahluta

Arabische Linsensuppe

Ergibt 6 Portionen

250 g rote Linsen
1 große Kartoffel
1 große Karotte
1 große Zwiebel
1 Knoblauchzehe
1,5 l Wasser
2 EL Reis, gewaschen
1 TL Salz
frisch gemahlener Pfeffer
1 TL gemahlener Kreuzkümmel
2 EL Butter
1 EL getrocknete Minze, zerrieben
1 EL Pul Biber (Paprikaflocken)

- Kartoffel, Karotte, Zwiebel und Knoblauch schälen und grob zerkleinern.
- In einem Topf 1,5 l Wasser aufkochen, zerkleinertes Gemüse sowie Linsen, Reis, ½ TL Salz und etwas Pfeffer hineingeben und 30 Min. kochen.
- Topf vom Herd nehmen, Suppe mit einem Pürierstab pürieren und mit Kreuzkümmel abschmecken.
- In einer kleinen Pfanne Butter zerlassen und Minze sowie Pul Biber darin rösten.
- Die Suppe auf Teller verteilen und jeweils ein wenig geschmolzene Gewürzbutter daraufgeben.

Tipp: Wir mögen die Linsensuppe noch mit einem Spritzer Zitrone und natürlich mit frischem oder geröstetem Pide (s. S. 109).

Patlıcan Yemeği

Aubergineneintopf

Ergibt 6 Portionen

3 Auberginen, gestreift geschält und in 3 cm großen Würfeln
1 große Zwiebel, feingehackt
3 EL Pflanzenöl
1 große Dose geschälte Tomaten (etwa 800 g), gewürfelt
1 EL Biber Salçası (Parikamark)
1 gehäufter TL Thymian
1 TL Salz
½ TL frisch gemahlener Pfeffer
½ TL Pul Biber (Paprikaflocken)

- In einem großem Topf Öl erhitzen und Zwiebel darin glasigdünsten.
- Auberginen hinzufügen und 5 Min. braten.
- Tomaten und Biber Salçası hinzufügen, mit 100 ml Wasser angießen und restliche Gewürze hinzufügen. Alles gut verrühren und etwa 25 Min. kochen lassen.
- Mit Şehriye-Reis (s. S. 101) servieren.

Kabak Oturtma

Zucchinieintopf

Ergibt 6 Portionen

1 kg Zucchini
350 g Lamm- o. Rinderhackfleisch
1 mittelgroße Zwiebel, feingehackt
½ TL Salz
1 TL Tomatenmark
1 EL Pflanzenöl
1 TL Nar Ekşisi (Granatapfelsirup)
frisch gemahlener Pfeffer

- Zucchini waschen, in Streifen schälen und in etwa 3 mm breite Scheiben schneiden. Auf Küchenpapier auslegen und 1–2 Std. abtropfen lassen.
- In einer großen Pfanne ohne Fett Hackfleisch anbraten, Zwiebelwürfel hinzufügen und mitdünsten, bis sie glasig sind.
- Salz, Tomatenmark und Pflanzenöl gründlich unterrühren und Zucchinischeiben vorsichtig unterheben.
- Mit Wasser auffüllen, bis das Gemüse bedeckt ist und etwa 20 Min. köcheln lassen ohne zu rühren.
- Kurz vor Ende der Kochzeit mit Nar Ekşisi und schwarzem Pfeffer würzen.

Kabak Borani

Rindergulasch mit Kürbis und Kichererbsen

Ergibt 6 Portionen

1 kg weißer Casperkürbis (o. Hokkaido)
1 große Dose Kichererbsen (etwa 850 g)
500 g Rindergulasch
6 EL Rapsöl
1 Zwiebel, feingehackt
4 Knoblauchzehen, gehackt
350 g Tuzlu Yoğurt (o. Ziegenfrischkäse o. Quark)
Salz
frisch gemahlener Pfeffer
1 EL getrocknete Minze, zerrieben

- Kürbis schälen und Fruchtfleisch würfeln, Kichererbsen abseihen und abspülen.
- In einer Pfanne 3 EL Öl erhitzen und das Fleisch darin bei mittlerer Hitze anbraten und köcheln lassen, bis es zart ist.
- Währenddessen in einem großen Topf 3 EL Öl erhitzen, Zwiebeln und Knoblauch darin andünsten, Kürbiswürfel hinzufügen und 400 ml Wasser angießen. Das Gemüse in etwa 15 Min. weichkochen, dabei bei Bedarf Wasser nachgießen, der Kürbis darf nicht am Topfboden anbrennen.
- Kichererbsen, Fleisch und Tuzlu Yoğurt hinzufügen und mit Salz, Pfeffer und getrockneter Minze abschmecken.

Tuzlu Yoğurt ist eine Hatay-Spezialität, die bis in die 1970er Jahre von fast jeder Familie selbst hergestellt wurde. Damit der Joghurt perfekt wird, muss er mehrfach erhitzt werden und wieder abkühlen, bevor er gründlich versiegelt wird. So ist er für den ganzen Winter haltbar. Es wird ausschließlich im Mai und Juni gemolkene Milch verwendet, da diese durch die Weidehaltung der Ziegen (oder Kühe oder Schafe) dann fetter ist als im restlichen Jahr. Tuzlu Yoğurt wird auch in Suppen oder Böreks benutzt oder mit etwas Olivenöl und Pul Biber als Brotaufstrich gegessen.

Etli Nohut

Lammeintopf mit Kichererbsen und Tomaten

Ergibt 4 Portionen

300 g Lammgulasch
2 Tomaten
3 EL Rapsöl
2 Zwiebeln, feingewürfelt
2 grüne Spitzpaprika, entkernt und gewürfelt
¼ TL gemahlener Kreuzkümmel
1 EL Biber Salçası (Paprikamark)
300 g Kichererbsen aus der Dose
1 TL Pul Biber (Paprikaflocken)
1 TL Salz
frisch gemahlener Pfeffer

- Um die Tomaten zu häuten, kreuzweise die Haut einritzen, sie ein paar Sekunden in eine Schüssel mit kochendem Wasser und dann in eine Schüssel mit Eiswasser geben. Nun die Haut abziehen und das Fleisch grob würfeln.
- In einem großen Topf Öl erhitzen und Lammfleisch unter Rühren scharf anbraten.
- Zwiebeln, Spitzpaprika und Kreuzkümmel hinzufügen und braten, bis die Zwiebeln glasig sind.
- Tomaten und Biber Salçası hinzufügen, 300 ml Wasser angießen und gut verrühren. Bei geschlossenem Deckel etwa 1 Std. bei mittlerer Hitze kochen lassen, bis alles gut durch ist.
- 10 Min. vor Ende der Garzeit die Kichererbsen abseihen und hinzufügen.
- Mit Pul Biber, Salz und Pfeffer würzen und servieren.

Köfte

Oma hat mich geküsst!

Wenn sich Antakyalıs oder Hataylıs (nach der Provinz Hatay benannt) in der Fremde begegnen, sind die Freude und das Hallo stets groß. Wie selbstverständlich wird davon ausgegangen, dass es sich um einen mehr oder weniger entfernten Verwandten handeln muss. Das ist gerade für Minderheiten, die sich selbst in ihrer Heimatstadt der Sonderstellung bewusst sind, ein ganz typisches Phänomen.

Lange Zeit galt es als ungeschriebenes Gesetz, dass bei Eheanbahnungen nur ein Partner aus der erweiterten Sippschaft der alawitischen Antakyalıs in Frage kommt. Auch meinem Mann ist es so ergangen, denn seine Großmutter Sakine schlug ihm, ihrem erstgeborenen Enkel Özgür, regelmäßig potenzielle Heiratskandidatinnen vor. Ihre Präferenz dabei war ganz eindeutig: Freundinnen von Özgürs Cousinen in Antakya. Gerne versuchte sie, ihm diese am Telefon schmackhaft zu machen. Was mich dabei dann doch etwas irritierte, war die Tatsache, dass diese sanften Verkuppelungsversuche selbst dann nicht nachließen, nachdem sich in der Verwandtschaft längst herum gesprochen hatte, dass Özgür mit mir liiert war. Es wurde immer klarer: Ich kam um einen persönlichen Antrittsbesuch in Antakya nicht herum. So groß meine eigene Neugier auf Özgürs Familie und seine Geburtsstadt auch war, so kann ich doch nicht verhehlen, dass ich vor der Begegnung mit der Tatlıcı-Matriarchin einen gewissen Respekt hatte.

Ich teilte meine Sorgen mit meiner eigenen Mutter: Was, wenn ich, die Fremde (nicht nur keine Antakyalı, sondern auch noch Deutsche und zudem Christin!), so gar nicht zu Oma Sakines Zukunftsvision für ihren Lieblingsenkel passte? Würde sie mir die Tür weisen oder mich – im harmloseren Fall – einfach ignorieren? Und wie sollte ich ihr vermitteln, dass ich grundsätzlich ein ganz netter Mensch bin, wo sie doch nur Arabisch sprach und verstand? Das persönliche Kennenlernen rückte näher und näher.

Zum Abschluss einer dreiwöchigen Tour entlang der türkischen West- und Südküste kamen wir also endgültig in Özgürs alter Heimat an der syrischen Grenze an und waren zum Essen mit Oma geladen. Wie üblich waren die Frauen gemeinsam in der Küche mit den Essensvorbereitungen beschäftigt. Tante Vecihe putzte Gemüse, das mit Bulgur- und Hackmischungen gefüllt werden sollte. Cousine Meltem kümmerte sich darum, Hühnerfleisch zum Backen auf einem Blech auszulegen. Und die kleine Pınar goss Olivenöl für den Börekteig nach, den ihre Mutter Hayat gerade knetete.

Als Oma mich wahrnahm, drehte sie sich von ihrem großen Reistopf weg, kam in forschen Schritten auf mich zu und zog mich an ihren Busen. Mit Schwung drückte sie mir einen Kuss auf die rechte und auf die linke Wange. Ich war mehr als verblüfft! Und womit ich auch nicht gerechnet hatte: Wir kamen wunderbar ohne Dolmetscher aus, denn selbst beim gemeinsamen Bohnenputzen kann man sich mit ein wenig gutem Willem und Händen und Füßen aufs Trefflichste verständigen. Meiner Mutter konnte ich später erleichtert berichten »Oma hat mich geküsst«.

Ach ja: Vorschläge für neue Heiratskandidatinnen hat Oma Sakine nie wieder gemacht!

Fellah Köftesi

Bulgurköfte mit Spinatsauce

Ergibt etwa 60 Köfte (6 Portionen)

100 g grober Bulgur
160 g İrmik (feiner Weizengrieß)
250 g frischer Spinat
3 EL Rapsöl
4 Knoblauchzehen, zerdrückt
1 kleine Zwiebel, feingehackt
1 EL Biber Salçası (Paprikamark)
1 EL Tomatenmark
1 EL Olivenöl
1 TL Salz
1 EL Nar Ekşisi (Granatapfelsirup)
75 g Mehl
1 TL gemahlener Kreuzkümmel
1 Ei
1 EL Habak (getrocknetes Basilikum), zerrieben
1 TL Salz
½ TL frisch gemahlener Pfeffer
3 EL Pflanzenöl
Mehl zum Bestäuben

- Bulgur und Grieß mit 500 ml heißem Wasser in eine große Schüssel geben, abdecken und 30 Min. quellen lassen.
- Währenddessen Spinat gründlich waschen und grob hacken.
- In einer Pfanne Öl erhitzen und Knoblauch und Zwiebel darin anbraten. Biber Salçası und Tomatenmark hinzufügen und 5 Min. mitköcheln.
- Überschüssiges Wasser aus dem Spinat pressen, zu den anderen Zutaten in die Pfanne geben und 5 Min. dünsten.
- Vom Herd nehmen, abkühlen lassen und mit Olivenöl, Salz sowie Nar Ekşisi würzen.
- Mehl, Kreuzkümmel, Ei, Habak, Salz und Pfeffer zu der Bulgurmischung geben und mind. 5 Min. zu einem glatten Teig verkneten. Dabei die groben Bulgurkörner gegen den Schüsselrand drücken, damit sie aufbrechen.
- Eine Arbeitsfläche mit Mehl bestreuen, den Teig darauf zu walnussgroßen Kugeln formen und auf einer Seite eine Delle hineindrücken, so nimmt der Teig später die Sauce besser auf.
- Einen großen Topf mit Salzwasser und dem Pflanzenöl zum Kochen bringen.
- Köfte mit Mehl bestäuben und nacheinander je die Hälfte der Köfte in den Topf geben und kochen, bis sie nach einigen Min. von alleine an die Wasseroberfläche kommen. Vorsichtig mit einem Schaumlöffel herausheben und mit der abgekühlten Spinatsauce servieren.

Biber ve Yoğurt Soslu Köfte

Kalbsköfte mit Paprika- und Joghurtsauce

Ergibt 4–6 Portionen

Für die Köfte:
800 g Kalbshackfleisch
2 EL Biber Salçası (Paprikamark)
1 großes Ei
5 EL feiner Bulgur oder Couscous
je ¼ TL gemahlener Piment, Kardamom und Zimt
1 EL Schwarzkümmelsamen
1 mittelgroße rote Zwiebel, feingehackt
2 Knoblauchzehen, feingehackt
je 1 Bund Minze und glatte Petersilie, feingehackt
4 EL Olivenöl

Für die Saucen:
1 kg rote Spitzpaprika, entkernt und in groben Stücken
5 EL Weißweinessig
1 EL Zucker
1 rote Chilischote, entkernt, grob gehackt
500 g Joghurt (10% Fett)
Saft von ½ Zitrone
Salz
ein wenig Olivenöl

- Für die Paprikasauce Spitzpaprika, Essig, Zucker und Chili in einem Topf etwa 40 Min. weichköcheln. Etwas abkühlen lassen, pürieren und beiseitestellen.
- Für die Joghurtsauce Joghurt mit dem Zitronensaft und Salz verrühren, beiseitestellen.
- Für die Köfte das Hackfleisch mit Biber Salçası, Ei, 3 EL Bulgur und den Gewürzen kräftig verkneten. Ein wenig der feingehackten Kräuter beiseitestellen, die übrigen kräftig unter die Fleischmasse kneten und mind. 15 Min. durchziehen lassen.
- Zwiebeln und Knoblauch in 1 EL Öl in etwa 8 Min. glasigbraten und unter die Fleischmasse kneten.
- Backofen auf 200 °C vorheizen.
- Das Fleisch zu etwa 20 länglichen Hackbällchen rollen und im restlichen Bulgur wälzen.
- Das restliche Olivenöl in einer mittelgroßen Pfanne erhitzen und die Köfte portionsweise rundherum goldbraun anbraten, dann auf ein Backblech geben und im vorgeheizten Backofen in etwa 12 Min. garbraten.
- Die Paprikasauce lauwarm erhitzen und auf einen großen tiefen Teller gießen, die heißen Köfte am Rand darauf verteilen, die Joghurtsauce in die Mitte löffeln und das Ganze mit dem Rest der feingehackten Kräuter bestreuen und mit ein wenig Olivenöl beträufeln. Sofort mit Pide (s. S. 109) servieren.

Patatesli Köfte

Kartoffelköfte

Ergibt etwa 30 Köfte

500 g Kartoffeln, geschält
200 g feiner Bulgur
½ TL frisch gemahlener Pfeffer
2 EL scharfe Biber Salçası (Paprikamark)
½ TL Salz
1 TL gemahlener Kreuzkümmel
1 TL Habak (getrocknetes Basilikum), zerrieben
2 Stengel glatte Petersilie, feingehackt
1 Stengel glatte Petersilie, gerupft

- In einem Topf Wasser erhitzen und die Kartoffeln in etwa 20 Min. weichkochen. Währenddessen in einer Schüssel Bulgur mit 200 ml Wasser quellen lassen.

- Kartoffeln abgießen, ein wenig Kochwasser auffangen und die Kartoffeln damit stampfen. Die restlichen Zutaten mit Ausnahme der gerupften Petersilie hinzufügen und gründlich verkneten.

- Den Teig in der Hand zu länglichen Köfte formen und vor dem Servieren mit Petersilieblättern dekorieren.

In Antakya wird hausgemachte Biber Salçası immer in einer scharfen und milden Variante angeboten. Auch in Deutschland kann man sie in unterschiedlichen Schärfen im türkischen Supermarkt finden. Wem die scharfe Biber Salçası also zu pikant ist, greift einfach zur milden.

Oruk Köfte

Feiertagsköfte mit Hackfleisch-Walnussfüllung

Für die Zubereitung dieses Gerichtes braucht man einen Fleischwolf. Die Antakyalı-Frauen treffen sich am Vortag eines Familienfestes, um die Köfte gemeinsam herzustellen: Eine knetet den Bulgurteig, die nächste dünstet das Fleisch, die dritte kurbelt am Fleischwolf, die vierte füllt die Teigfüllung nach …

Ergibt etwa 50 Köfte

Für die Hülle:
750 g Schabefleisch vom Rind (Çiğ-Köfte-Fleisch)
1 TL Natron
½ TL Salz
1 kg İnce- o. Köftelik-Bulgur (feiner Bulgur)
100 g İrmik (feiner Weizengrieß)
1 Zwiebel, feingehackt
1 TL gemahlener Kreuzkümmel
2 EL Biber Salçası (Paprikamark)
2 EL Habak (getrocknetes Basilikum), zerrieben
250 g Mehl
100 ml Sonnenblumenöl

Für die Füllung:
1 kg Rinderhackfleisch
½ kg Lammhackfleisch
4 Zwiebeln, gehackt
3 EL Pflanzenöl
150 g Walnüsse, gehackt
1 Bund glatte Petersilie, gehackt
1 TL Zimt
1 TL Salz
1 TL frisch gemahlener Pfeffer

- Für die Hüllen das Schabefleisch mit Natron und Salz gut verkneten und mind. 1 Std., besser über Nacht kaltstellen.
- Bulgur und İrmik waschen, locker abgießen und im verbliebenen Wasser ½ Std. quellen lassen.
- Währenddessen für die Füllung Öl in einem großen Topf erhitzen und Zwiebeln darin glasigdünsten. Hackfleisch hinzufügen und, wenn das Fleisch krümelig ist, Topf vom Herd nehmen. Walnüsse, Petersilie, Zimt, Salz und Pfeffer unterrühren. Beiseitestellen und abkühlen lassen.
- Gequollenen Bulgur und İrmik durch den Fleischwolf zu einer festeren Masse pressen. Schabefleisch hinzufügen und gut kneten. Zwiebel, Kreuzkümmel, Biber Salçası und Habak hinzufügen und erneut durch den Fleischwolf drehen.
- Den Teig auf ein Backblech oder Tepsi (rundes türkisches Blech) geben und mit dem Handballen so lange drücken, bis er schön glatt ist. Dabei nach und nach das Mehl einarbeiten.
- Den Aufsatz des Fleischwolfes wechseln und den Teig zu etwa 50 Röhren von etwa 10 cm Länge drehen.
- Backofen auf 180°C (Umluft) vorheizen.
- Abgekühltes Hackfleisch mit Hilfe eines Teelöffels in die Teigrollen füllen, die Enden spitz zudrücken.
- Köfte in Sonnenblumenöl wenden und auf gefettete Backbleche geben, sie sollten sich nicht berühren. Im Backofen die Bleche mit den Köfte nacheinander auf mittlerer Schiene 20–25 Min. backen.

Balık Köftesi

Fischköfte

Ergibt etwa 30 Köfte

500 g Fischfilets (z.B. Dorade, Bonito, Thunfisch o. Schellfisch)
100 g Staudensellerie, grob gewürfelt
2 Zwiebeln, in Scheiben
Saft von 1 Zitrone
2 EL glatte Petersilie, gehackt
2 TL Piment
Salz
frisch gemahlener Pfeffer
2 Scheiben trockenes Weißbrot
1 EL Pinienkerne
2 EL Dill, gehackt
2 TL Pul Biber (Paprikaflocken)
2 Eier
3 EL Rapsöl
4 EL Mehl
4 EL Paniermehl (o. Semmelbrösel)
1 unbehandelte Zitrone, in Scheiben

- In einem Topf 100 ml Wasser mit Sellerie, Zwiebel, Zitronensaft, der Hälfte der Petersilie und des Piments, Salz und etwas Pfeffer zum Kochen bringen.
- Fischfilets in den Sud geben und darin bei geringer Hitze 5 Min. ziehen lassen. Fisch herausnehmen und Fond beiseitestellen.
- Fisch im Mixer zerkleinern.
- Brot im Fischfond einweichen, kräftig ausdrücken und mit der Fischmasse vermengen.
- Restliche Petersilie und Piment, Pinienkerne, Dill, Pul Biber, 1 Ei sowie Salz und Pfeffer hinzufügen und alles gut verkneten. Die Masse zu handtellergroßen Köfte formen.
- Mehl, verquirltes Ei und Paniermehl auf je einen tiefen Teller geben.
- Köfte erst in Mehl wenden, dann in Ei tunken und schließlich in Paniermehl wenden.
- In der Pfanne Öl erhitzen und Köfte darin in etwa 3 Min. von jeder Seite goldbraun braten. Mit Zitronenscheiben servieren.

Zu diesen Köfte können Sie wunderbar die würzige Zwiebelbeilage Zerzevat (s. S. 94) servieren.

Kemmünlü Köfte

Kreuzkümmelköfte mit Tomatensauce

Ergibt 30 Köfte

Für die Köfte:
500 g Rinder-
o. Lammhackfleisch
1 Handvoll Semmelbrösel
1 gehäufter TL gemahlener
Kreuzkümmel
1 TL Salz
frisch gemahlener Pfeffer
1 TL Pul Biber
(Paprikaflocken)
1 Ei
1 Zwiebel, feingehackt
2 Knoblauchzehen, feingehackt
feingehackte glatte Petersilie
nach Belieben

500 g Kartoffeln, geschält und
in mundgerechten Stücken
4 EL Rapsöl
2 EL Tomatenmark
1 TL gemahlener Kreuzkümmel
1 Knoblauchzehe, in Scheiben
1 EL getrockneter Thymian,
zerrieben
1 TL Salz nach Belieben
frisch gemahlener Pfeffer

- In einer Schüssel alle Zutaten für die Köfte gut miteinander verkneten.
- 30 flache Köfte von etwa 5 cm ∅ formen.
- In einer großen Pfanne Rapsöl erhitzen und die Kartoffelstücke darin etwa 5 Min. scharf anbraten. Kartoffeln herausnehmen und die Köfte im selben Öl portionsweise in etwa 3 Min. durchbraten. Aus der Pfanne nehmen und beiseitestellen.
- Tomatenmark im verbliebenen Fett in der Pfanne auflösen, Kreuzkümmel, Knoblauch und Thymian hinzufügen und 3 Min. anbraten. Mit 700 ml Wasser ablöschen und 5 Min. köcheln lassen.
- Köfte und Kartoffelstücke in die Sauce geben und mind. 2 Min. bei starker Hitze aufkochen lassen. Hitze reduzieren und weitere 10 Min. bei geringer Hitze köcheln lassen. Mit Salz und Pfeffer abschmecken.

Fleisch und Geflügel

Kochen für die Feiertage

Schon immer war der Hinterhof von Oma Sakines Haus das erweiterte Wohnzimmer der gesamten Familie. In der schattigsten Ecke hing der »Kühlschrank«, eine vergitterte Holzkiste, die ich als Kind mithilfe eines Flaschenzuges hoch und runter zog, wenn Oma mich schickte, um Käse, Butter, Marmelade oder Oliven für das Frühstück zu holen. Daneben standen mit bunten Stoffen bezogene Sitzbänke und Olivenölkanister, die sie zu Blumentöpfen umfunktioniert hatte und aus denen Geranien sprossen. Und in einem Loch in der Erde reifte ab dem Frühjahr der typische regionale Frischkäse *cara peyniri* kopfüber in einem Tonkrug zum Trocknen. In einer anderen Ecke des Hofes war unter freiem Himmel mit Spülstein, Arbeitsfläche und einem Grill ein Teil der Küche untergebracht.

Und diese Außenküche wurde auch ständig genutzt, als ich noch ein kleiner Junge war, denn es gab in unserer großen Familie häufig Anlässe für Familienfeierlichkeiten. Die Frauen kamen dann zusammen, um gemeinsam aufwendige Mahlzeiten zuzubereiten. Bei *Dedikodu*, Klatsch und Tratsch, saßen die Frauen unterschiedlichster Generationen an den zusammengestellten Holztischen und formten *Köfte*, drehten Weinblätter, füllten Gemüse. Ihre Stimmen erfüllten den Hof, und vor den spitzen Zungen der Köchinnen war niemand sicher ...

Aber es gab auch eine Aufgabe für die Männer: die Zubereitung von *Herise*, einem Weizengericht, das stundenlang in großen Kesseln auf offenem Feuer garen und mit riesigen Holzlöffeln gerührt und geschlagen werden muss. Da es sich zu religiösen Feiertagen gehört, *Herise* an die Armen zu verteilen, wurde es in großen Mengen gekocht. Auch von meinen Großeltern, die es als gläubige Muslime als ihre selbstverständliche Pflicht ansahen.

Natürlich kann *Herise* auch in »normalen« Mengen zubereitet werden. Als mein Sohn Semih sich für seine schwangere Frau Mascha und sich einen alawitischen Segen wünschte, hielten wir diese kleine Zeremonie bei uns zu Hause ab und luden dazu einen *Hodscha* ein, einen islamischen Geistlichen. Meine Mutter Kahire steuerte einen Topf *Herise* bei. Und obwohl in der Hektik des Abends versehentlich Curry statt des obligatorischen Kreuzkümmels als letzte Würze auf jeder Portion landete, waren alle voll des Lobes. Ob der Hodscha es nicht merkte oder sich aus Höflichkeit nichts anmerken ließ, bleibt sein Geheimnis.

Herise

Weizentopf zum Feiertag

Ergibt 8 Portionen

500 g Aşurelik Buğday (Weizen aus dem türkischen Supermarkt)
3 Hähnchenschenkel mit Rückenstück (o. 750 g Rindfleisch aus der Schulter, nicht zu mager)
3 Lorbeerblätter
3 TL gemahlener Kreuzkümmel
Salz
frisch gemahlener Pfeffer

Am Vorabend:

- Den Weizen waschen, in einem großen Topf mit 5 l Wasser einmal aufkochen und über Nacht quellen lassen.

Am nächsten Tag:

- Überschüssiges Quellwasser abgießen.
- Fleisch und Lorbeerblätter in einen großen Topf geben, 4 l Wasser angießen und 10 Min. kochen, dabei immer wieder den Schaum abschöpfen.
- Lorbeerblätter entfernen und Fleisch mit der Brühe zum abgegossenen Weizen in einen Topf geben. Bei starker Hitze 10 Min. kochen lassen, die Hitze reduzieren und bei mittlerer bis kleiner Hitze weitere 2 Std. köcheln lassen. Beim regelmäßigen Umrühren die Weizenkörner gegen die Topfwand drücken, damit sie auseinanderbrechen.
- Auf tiefen Tellern anrichten und vor dem Servieren je ½ TL Kreuzkümmel darübergeben.

Lahme Bisaini

Kalbshackfleisch vom Blech à la Lefke

Ergibt 1 Blech

750 g Kalbshackfleisch
1 rote Paprika, entkernt und feingehackt
1 Zwiebel, feingehackt
3 Knoblauchzehen, feingehackt
1 kleines Bund glatte Petersilie, feingehackt
1 TL getrocknete Minze, zerrieben
1 TL Salz
½ TL frisch gemahlener Pfeffer
2 EL Tomatenmark
400 ml Wasser
1 grüne Paprika, entkernt und in mundgerechten Stücken
2 große Tomaten, geviertelt o. geachtelt

- Backofen auf 180 °C vorheizen.
- In einer Schüssel Fleisch mit feingehackter roter Paprika, Zwiebel, Knoblauch, Petersilie, Minze, Salz und Pfeffer vermengen und die Mischung auf einem Backblech verteilen.
- Tomatenmark in 400 ml Wasser auflösen und gleichmäßig über die Fleisch-Gemüsemischung geben.
- Im Backofen auf mittlerer Schiene 1 Std. backen, dabei nach 40 Min. grüne Paprikastücke und Tomatenviertel auf dem Blech verteilen.

Dieses ganz einfache Gericht ist ein sehr beliebtes Kinder-Essen und gelingt auch ungeübten Köchen. Das gilt übrigens ebenso für das Huhn vom Blech auf S. 75.

Hummus Kawarma

Hummus mit Lamm und Zitronensauce

Ergibt 4–6 Portionen

250 g Lammhackfleisch
2 Knoblauchzehen, feingehackt
1 TL gemahlener Kreuzkümmel
½ TL Zimt
½ TL gemahlener Koriander
½ TL Salz
¼ TL frisch gemahlener Pfeffer
1 EL gehackte frische Minze
1 EL feingehackte glatte Petersilie
2 EL Olivenöl
1 Zwiebel, feingehackt
40 g Pinienkerne
1 Portion Hummus (s. S. 30)
Zahter zum Bestreuen

Für die Zitronensauce:
3 EL feingehackte glatte Petersilie
1 grüne Chillischote, feingehackt
Saft von ½–1 Zitrone nach Belieben
2 Knoblauchzehen, gepresst
¼ TL Salz
einige Spritzer Olivenöl

- Lammhackfleisch, Knoblauch, Kreuzkümmel, Zimt, Koriander, Salz und Pfeffer in einer großen Schüssel mit den Händen gründlich vermengen. Abdecken und mind. 10 Min. durchziehen lassen.
- Olivenöl in einem mittelgroßen Topf heiß werden lassen. Zwiebeln und Pinienkerne hineingeben und braten, bis die Zwiebeln weich und leicht gebräunt sind, das dauert 6–8 Min. Die Lammmischung dazugeben und braten, bis das Fleisch krümelig ist.
- Für die Sauce alle Zutaten gründlich vermischen und kräftig abschmecken.
- Den Hummus auf einen großen tiefen Teller geben, eine Mulde hineindrücken, die Lammmischung hineingeben, mit Zahter bestreuen und die Sauce in einem Schüsselchen dazu servieren.

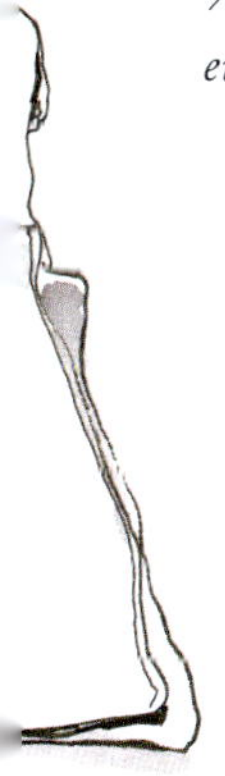

Maklube

Hähnchen-Auberginenreis à la Vecihe

Ergibt 6 Portionen

1 Huhn (1,2–1,5 kg), küchenfertig
1 TL Salz
1 Zimtstange
4 Kardamomkapseln
3 längliche Auberginen, in 1 cm dicken Scheiben
Pflanzenöl zum Braten
500 g Reis, gewaschen
frisch gemahlener Pfeffer
2 EL Butter
100 g Mandelstifte
100 g Pinienkerne

- Huhn, Salz, Zimtstange und Kardamomkapseln in einen Topf geben, mit kaltem Wasser etwa 2,5 cm hoch bedecken und einmal kräftig aufkochen lassen, dann die Hitze reduzieren, Topf teilweise bedecken und sanft köcheln lassen, immer wieder den Schaum abschöpfen, bis das Huhn weich ist und sich das Fleisch leicht von den Knochen lösen lässt, das dauert 45–60 Min.
- Huhn aus dem Topf heben und ein wenig abkühlen lassen. Haut und Fett entfernen und das Fleisch von den Knochen lösen. Hühnerbrühe kräftig mit Salz und Pfeffer abschmecken, beiseitestellen.
- Auberginenscheiben kräftig salzen und 20 Min. in einem Sieb abtropfen lassen. Die Scheiben dann mit Küchenpapier trockentupfen.
- In einer Pfanne reichlich Pflanzenöl erhitzen und die Auberginen darin portionsweise scharf anbraten und auf Küchenpapier abtropfen lassen.
- In einer kleinen Pfanne 2 EL Butter erhitzen und Mandelstifte und Pinienkerne darin anbraten.
- Einen großen Topf gut mit Pflanzenöl einfetten oder mit Backpapier auslegen. Als unterste Schicht alle Auberginenscheiben auf dem Boden verteilen, dabei auch etwa 5 cm den Rand entlang hochlegen.
- Abwechselnd Reis, Fleisch und die Pinienkern-Mandelmischung darauf schichten, dabei mit Reis abschließen und 3 EL der Pinienkern-Mandelmischung zurückhalten.
- Vorsichtig, damit die Schichten sich nicht zu sehr miteinander vermengen, 1 l der Hühnerbrühe angießen. Mit geschlossenem Deckel auf geringer Hitze 20–30 Min. köcheln lassen, bis der Reis die Flüssigkeit aufgenommen hat und gar ist.
- Topf vom Herd nehmen, Deckel entfernen und eine ausreichend große Platte oder einen sehr großen Teller auf den Topf legen. Den Topf mit Schwung umdrehen und vorsichtig Anheben, sodass die Schichten erhalten bleiben.
- Mit den restlichen Pinienkernen und Mandelstiften dekorieren und servieren.

Tipp: Damit die Schichten beim Köcheln nicht zu sehr durcheinandergeraten, können Sie einen schweren Teller auf die oberste Reisschicht legen. In Antakya gibt es dafür sogar ein spezielles Küchenutensil: Es handelt sich um eine runde Tonplatte, die einen Griff hat und mit Löchern versehen ist, damit der heiße Dampf entweichen kann.

Kuzu Etli Pilav

Lammpilaw

Ergibt 4 Portionen

400 g Lammgulasch
2 große Tomaten (o. 200 g Tomaten aus der Dose, gewürfelt)
2 Zwiebeln, feingehackt
2 grüne Spitzpaprika, entkernt und in 1 cm dicken Scheiben
3 EL Rapsöl
250 g Reis, gewaschen
Salz
frisch gemahlener Pfeffer
2–4 EL gehackte glatte Petersilie

- Um die Tomaten zu häuten, kreuzweise die Haut einritzen, sie ein paar Sekunden in eine Schüssel mit kochendem Wasser und dann in eine Schüssel mit Eiswasser geben. Nun die Haut abziehen und das Fleisch feinhacken.
- In einem Topf Öl erhitzen und Zwiebeln darin glasigdünsten. Spitzpaprika und Fleisch hinzufügen und 5–10 Min. anbraten. Tomaten hinzufügen und weitere 5–10 Min. dünsten.
- 500 ml Wasser angießen und aufkochen lassen. Reis hinzufügen und kräftig salzen.
- Pilaw köcheln lassen, bis die Flüssigkeit verdampft ist. Vom Herd nehmen und mit schwarzem Pfeffer würzen.
- 2 Lagen Küchenpapier zwischen Topf und Deckel klemmen und etwa 5 Min. überschüssigen Wasserdampf aufsaugen.
- Pilaw ein letztes Mal umrühren, abschmecken, mit Petersilie dekorieren und servieren.

Für Fleischwürfel in Gulaschgröße haben die Türken einen eigenen Namen: »kuş başı et«, was auf Deutsch »Fleisch in Vogelkopf-Größe« bedeutet.

Dolma

Gefüllte Paprika und Zucchini

Ergibt 16 Dolma

Für die Dolma:
8 kleine grüne Paprika (Dolmalık Biber) aus dem türkischen Supermarkt
8 kleine rundliche Zucchini (Dolmalık Kabak) aus dem türkischen Supermarkt
4 Tomaten
500 g Rundkornreis, gewaschen
300 g Rinderhackfleisch
1 große Zwiebel, gehackt
4 Knoblauchzehen, feingehackt
2 EL Tomatenmark
1 EL Nar Ekşisi (Granatapfelsirup)
1 EL getrocknete Minze, zerrieben
1 TL frisch gemahlener Pfeffer
1 gehäufter TL Salz
3 Tomaten in Scheiben als Deckel
Olivenöl zum Beträufeln

- Um die Tomaten zu häuten, kreuzweise die Haut einritzen, sie ein paar Sekunden in eine Schüssel mit kochendem Wasser und dann in eine Schüssel mit Eiswasser geben. Nun die Haut abziehen und das Fleisch feinhacken.
- In einer Schüssel Tomaten mit Reis, Hackfleisch, Zwiebeln, Knoblauch, 1 EL Tomatenmark, Nar Ekşisi, Minze und Salz mit der Hand vermengen.
- Die Stiele der Paprika und Zucchini entfernen, einen Deckel abschneiden, die Paprika entkernen und bis zur Hälfte mit der Reismischung füllen. Die Zucchini aushöhlen und ebenfalls bis zur Hälfte mit der Reismischung füllen.
- Paprika und Zucchini in einen großen Topf setzen und je 1 Tomatenscheibe als Deckel aufsetzen.
- In einer Schüssel die Zutaten für die Sauce gründlich verrühren und über die Dolma gießen.

Für die Sauce:
2 EL Tomatenmark
2 TL getrocknete Minze, zerrieben
½ EL Nar Ekşisi (Granatapfelsirup)
800 ml Wasser
1 TL Salz

- Gemüse mit einem Teller beschweren und bei starker Hitze und geschlossenem Deckel 10 Min. kochen. Hitze reduzieren und weitere 20 Min. bei geringer Hitze köcheln lassen.
- 3 EL Olivenöl über das Gemüse geben und vom Herd nehmen. Auf Teller verteilen und vor dem Servieren mit etwas Sauce überziehen.

Alternativ können Sie auch Tomaten auf dieselbe Weise zubereiten. Zu diesem Gericht schmeckt übrigens Labneh (s. S. 94), der orientalisch ungemachte Joghurt, besonders gut.

Karnıyarık

Auberginen mit Zimt-Hackfleischfüllung

Ergibt 6 Portionen

6 längliche Auberginen
300 g Rinderhackfleisch
2 Zwiebeln, gehackt
2 Knoblauchzehen, gehackt
Öl zum Braten
1½ EL Tomatenmark
½ TL Salz
½ TL frisch gemahlener Pfeffer
½ TL Zimt
6 EL Sonnenblumenöl
2 Tomaten, in je 6 Scheiben
3 grüne Peperoni, entkernt und längs halbiert

Für die Joghurtsauce:
400 ml Joghurt (3,5 % Fett)
½ TL Pul Biber (Paprikaflocken)
Salz

- Auberginen waschen, Stiele entfernen und gestreift schälen. Eine lange Seite bis zur Mitte der Frucht einritzen. Salzen und 20 Min. in einem Sieb abtropfen lassen.
- Währenddessen in einer Pfanne ohne Fett Hackfleisch anbraten, bis es krümelig ist. Das Fleisch aus der Pfanne nehmen und Zwiebeln und Knoblauch in derselben Pfanne in wenig Öl glasigdünsten. Mit ½ EL Tomatenmark, Zimt, Salz und Pfeffer würzen und mit dem Hackfleisch vermengen.
- Backofen auf 180 °C vorheizen.
- Auberginen mit Küchenpapier trockentupfen. In einer großen Pfanne reichlich Sonnenblumenöl erhitzen und Auberginen darin portionsweise braten, bis sie schön weich und leicht gebräunt sind.
- Ein Backblech einfetten oder mit Backpapier auslegen und Auberginen darauf verteilen. Eingeritzte Stellen vorsichtig ausdehnen und die Füllung hineingeben. Gefüllte Auberginen mit jeweils 2 Scheiben Tomaten und einer halben Peperoni belegen.
- Das restliche Tomatenmark in 200 ml Wasser auflösen und über die Auberginen gießen.
- Im Backofen auf mittlerer Schiene 20 Min. backen.
- Für die Sauce den Joghurt mit Pul Biber und Salz verrühren und zu den gefüllten Auberginen servieren. Dazu passt Reis als Beilage, z.B. Şehriye Pilavı (s. S. 101).

Tifahi

Tomatenreis mit Lamm

Ergibt 4 Portionen

250 g Lammhackfleisch
3 EL Pflanzenöl
1 Zwiebel, gehackt
1 kg frische Tomaten, gewürfelt (o. 1 große Dose stückige Tomaten)
1 TL Tomatenmark
1 TL Biber Salçası (Paprikamark)
1 TL Salz
150 g Rundkornreis, gewaschen

- In einer großen Pfanne Öl erhitzen und Hackfleisch darin anbraten, bis es krümelig ist. Zwiebel hinzufügen und einige Min. mitbraten.
- Tomaten, Tomatenmark, Biber Salçası und Salz unterrühren und 10 Min. bei mittlerer Hitze kochen lassen (wenn Sie stückige Tomaten verwenden, nur 5 Min.).
- Reis und 800 ml heißes Wasser hinzufügen, Hitze reduzieren und 15–20 Min. bei geringer Hitze köcheln lassen, bis der Reis gar ist.

Malfuf

Gefüllte Kohlblätter

Ergibt 6 Portionen

2 kleine Weiß- o. Spitzkohlköpfe
100 g Reis, gewaschen
400 g Lammhackfleisch
4 Zwiebeln, feingehackt
4 Tomaten, gehäutet und feingehackt
2 EL Biber Salçası (Paprikamark)
2 EL Nar Ekşisi (Granatapfelsirup)
2 EL getrocknete Minze, zerrieben
1 TL Salz
1 TL Pul Biber (Paprikaflocken)
1 TL gemahlener Kreuzkümmel
½ TL frisch gemahlener Pfeffer
250 g Butter
2 Knoblauchzehen, geschält
Saft von 1 Zitrone

- Weißkohlblätter ablösen, putzen und waschen, dabei dicke Strünke herausschneiden und unansehnliche Außenblätter aussortieren.
- Kohlblätter in einem Topf einige Min. in Salzwasser blanchieren und mit kaltem Wasser abschrecken.
- In einer Schüssel Reis mit Hackfleisch, Zwiebeln, Tomaten, Biber Salçası, Nar Ekşisi und den Gewürzen vermischen.
- Weißkohlblätter mit dem Stiel nach unten auf dem Küchentisch auslegen. Je 2 EL der Hackfleischmischung mittig auflegen, Seiten zuklappen und eng aufrollen. Bei Bedarf mit Zahnstochern zusammenhalten.
- Kohlwickel nebeneinander in einen großen Topf legen und schichten, bis alle Kohlblätter verarbeitet sind.
- Butter in kleine Würfel schneiden und auf den Kohlwickeln verteilen.
- Topf mit Wasser auffüllen, bis das Gemüse ganz bedeckt ist. Knoblauchzehen ins Wasser geben, Deckel schließen, aufkochen lassen und bei geringer Hitze in mind. 30 Min. fertiggaren. Falls zu viel Wasser verdampft, zwischendurch nachgießen, damit das Gemüse bedeckt bleibt.
- Kohlwickel vorsichtig aus dem Topf nehmen, mit Zitronensaft beträufeln und mit Labneh (s. S. 94) servieren.

Cece Bisaini

Huhn vom Blech à la Lefke

Ergibt 1 Blech

2,5 kg Hähnchenstücke (Keulen und Brust)
Pflanzenöl für das Blech
1 EL Tomatenmark
100 ml Wasser
1 TL Biber Salçası (Paprikamark)
4 Knoblauchzehen, gepresst
1 EL Zahter (Getrockneter Thymian)
½ TL Zimt
1 TL Salz
½ TL frisch gemahlener Pfeffer
4 mittelgroße Kartoffeln, geschält und in mundgerechten Stücken
2 große Tomaten, geviertelt o. geachtelt
1 grüne Paprika, entkernt und in mundgerechten Stücken

- Backofen auf 180 °C vorheizen und Backblech leicht einfetten.
- In einer Schüssel Tomatenmark, Biber Salçası, Knoblauch und Gewürze mit 100 ml Wasser verrühren.
- Hähnchenteile auf dem Blech verteilen, Sauce darübergeben und mind. 15 Min. marinieren lassen, Hähnchenteile dabei immer wieder umdrehen.
- Kartoffelstücke auf dem Backblech verteilen und für 40 Min. auf mittlerer Schiene in den Backofen schieben. Dabei 20 Min. vor Ende der Backzeit Tomaten- und Paprikastücke auf das Blech geben und mitbacken.
- Dazu schmeckt Nohutlu Pilav (s. S. 100) oder Şehriye Pilavı (s. S. 101).

Fisch

Picknick in Harbiye

Nur wenige Kilometer vom Stadtzentrum Antakyas entfernt liegen die sprudelnden Quellen von Harbiye. Ganze Familien mit Kind und Kegel und Körben voller Köstlichkeiten pilgern an den Wochenenden dorthin, um es sich im Schatten der Lorbeerbäume gutgehen zu lassen.

Der Fluss, der hier entspringt, speist die Stadt mit Trinkwasser, und aus den Blättern der Lorbeerbäume stellen die Antakyalıs ihre berühmte Seife her. Einer griechischen Sage zufolge verdankt Harbiye seinen historischen Namen *Defne* (zu Deutsch Lorbeer) der Nymphe Daphne, die sich hier vor Apollon verstecken wollte und dafür in einen Lorbeerbaum verwandelt wurde.

Harbiye hat seine besondere Bedeutung bis heute bewahrt, denn abgesehen von den üppigen Picknicken, zu denen sich die Familien hier versammeln, nutzen sie dieses verwunschene Fleckchen, an dem angeblich schon Kleopatra geheiratet hat, um ihren Nachwuchs im heiratsfähigen Alter auf sanfte Art zu verkuppeln. Auch Özgürs Eltern Kahire und Semih machten ihren ersten unbegleiteten Ausflug als verlobtes Paar an diesen romantischen Ort. Auf einem alten Schwarzweißfoto sieht man die zwei an der Quelle stehen: Kahire mit flottem Kurzhaarschnitt in einem knielangen Kleid und Semih nicht minder herausgeputzt mit Schlips und Kragen.

So wie seinerzeit wird auch heutzutage zum Picknick alles mitgenommen, was sich im Auto transportieren lässt: Mengen an *Pide* (s. S. 109) und die leckersten Crèmes und Pasten (s. S. 30–35), Olivensalat (s. S. 28), Zahter-Salat (s. S. 25), *Zerzevat* (s. S. 94), verschiedene Käsesorten, knackig-frisches Gemüse in mundgerechten Portionen und vieles mehr. Und für den Nachtisch wird ganz traditionell eine große Wassermelone aufgeschnitten und verspeist.

Hamsi

Sardellen mit Kräuterfüllung

Ergibt 6 Portionen

1 kg Sardellen
1 Bund glatte Petersilie, feingehackt
1 Bund Frühlingszwiebeln, in feinen Ringen
½ Bund Rucola, feingehackt
4 EL Mehl
1 Ei, verquirlt
4 EL Paniermehl
3 EL Rapsöl
Saft von ½ Zitrone

- Sardellen waschen, Gräten, Kopf und Flossen entfernen. Nochmals gründlich waschen.
- In einer Schüssel Petersilie, Frühlingszwiebeln und Rucola vermischen und die Sardellen mit der Masse füllen.
- Mehl, verquirltes Ei und Paniermehl auf je einen tiefen Teller geben.
- Gefüllte Sardellen erst in Mehl wenden, dann in Ei tunken und schließlich in Paniermehl wenden.
- In einer Pfanne Rapsöl erhitzen und die Sardellen darin rundum einige Min. braten, bis sie gar sind. Vor dem Servieren mit Zitronensaft beträufeln.

Levrek Izgara

Mit Gemüse gefüllter Barsch vom Grill

Ergibt 6 Portionen

1 Barsch (etwa 1,5 kg), küchenfertig
1 TL Salz
1 TL Pul Biber (Paprikaflocken)
2 Zwiebeln, in Ringen
2 Tomaten, in Scheiben
3 grüne Spitzpaprika, entkernt und in kleinen Ringen
2 EL glatte Petersilie, gehackt
3 EL Olivenöl

- Ein ausreichend großes Stück Alufolie auf die Arbeitsfläche legen und mit 1 EL Olivenöl bestreichen.
- In die Seiten des Barsches jeweils 2 Schnitte machen, ihn auf die Alufolie legen und von innen und außen mit reichlich Salz und Pul Biber einreiben.
- In einer Schüssel Zwiebeln, Tomaten, Spitzpaprika und Petersilie vermengen. Mit der Hälfte der Mischung den Fisch füllen, die andere Hälfte auf dem Fisch verteilen.
- Mit 2 EL Olivenöl beträufeln, Alufolie verschließen und – je nach Intensität des Feuers – von jeder Seite etwa 10 Min. auf dem Grill garen.

Wenn Sie keinen Grill haben, bereiten Sie den Fisch einfach im Backofen mit Grillfunktion zu (auf mittlerer Schiene bei 200 °C für etwa 20 Min.).

Tepside Balık

Gebackener Karpfen

Ergibt 6 Portionen

2 Karpfenfilets
2 Zwiebeln, geviertelt und in Streifen
2 EL Nar Ekşisi (Granatapfelsirup)
2 EL getrocknete Minze, zerrieben
1 TL gemahlener Kreuzkümmel
1 TL Sumak
1 EL Habak (getrocknetes Basilikum), zerrieben
1 TL Pul Biber (Paprikaflocken)
1 EL Tomatenmark
4 EL Olivenöl
750 g Kartoffeln, geschält und in Scheiben
125 g Rundkornreis
Saft von ½ Zitrone

- Backofen auf 200 °C vorheizen.
- Auf einem Backblech Zwiebelstreifen fest mit Nar Ekşisi, Minze, Kreuzkümmel, Sumak, Basilikum, Pul Biber und Tomatenmark verkneten.
- Karpfenfilets von beiden Seiten einmal gründlich mit der Zwiebelmischung einreiben und beiseitelegen.
- Olivenöl zur Zwiebelmischung geben, Kartoffeln und Reis untermischen und auf dem Backblech verteilen.
- Karpfen auf die Mischung geben, 400 ml Wasser um die Fischfilets gießen und mit Zitronensaft beträufeln.
- Im Backofen auf mittlerer Schiene 45 Min. backen, dabei den Fisch nach 30 Min. einmal wenden.

Für dieses Fischgericht verwenden Antakyalıs traditionell frischen Karpfen aus dem Fluss Asi. Doch da die Fischbestände im Asi in den letzten Jahrzehnten stark geschrumpft sind, werden heute auch andere Fischsorten verwendet.

Barbunya Balığı Buğulaması

Gebackene Rotbarben

Ergibt 4 Portionen

500 g Rotbarben, küchenfertig
2 Zwiebeln, in Ringen
3 mittelgroße Tomaten, in Scheiben
3 EL glatte Petersilie, gehackt
1 TL Pul Biber (Paprikaflocken)
Salz
1 Lorbeerblatt
2 unbehandelte Zitronen, in Scheiben
2 EL Butter plus extra für die Form

- Backofen auf 180 °C vorheizen.
- Auflaufform oder Tepsi (rundes türkisches Blech) einfetten und Rotbarben hineinlegen.
- Zwiebeln und Tomaten zum Fisch geben und mit Petersilie, Pul Biber und Salz bestreuen. Lorbeerblatt hinzufügen und Zitronenscheiben auf dem Fisch verteilen.
- 2 EL Butter in Flöckchen auf die Zitronenscheiben geben, Auflaufform mit Alufolie abdecken und im Backofen auf mittlerer Schiene 40 Min. backen. Temperatur auf 220 °C erhöhen und weitere 15 Min. backen.

Beilagen

Strandurlaub in Samandağ

Drei herrlich lange Monate hatten wir Kinder im Sommer schulfrei. Und jedes Jahr mietete meine Familie eine Reihe von Bungalows direkt am Meer, damit die ganze Sippe Platz hatte. Unter der Woche machten dort die Mütter mit uns Kindern Ferien, an den Wochenenden kamen die berufstätigen Väter dazu.

Schon die Vorbereitungen lösten fiebrige Vorfreude aus: Welche Spielsachen durften mit, wie viele Matratzen wurden gebraucht, welche Möbel waren leicht genug für den Transport? Denn ja, die Bungalows waren nicht möbliert!

Sobald die Schule für den Sommer schloss, wurden zwei *kamyon*, Kipplaster, die einer der Onkel organisiert hatte, mit allem beladen, was wir für die Zeit am Meer benötigten: Klapptische und -stühle, Matratzen, Decken und Kissen, Badesachen und – am aufwendigsten – die Küchenutensilien: Töpfe und Pfannen, Bleche und Besteck, Teller, Tassen und Gläser, um bis zu 30 Personen zu bewirten. Mit vereinten Kräften wurde alles auf die LKW geladen; und wer nicht in die Fahrerkabine passte, kam gleich mit auf die Ladefläche. Die ganz Mutigen saßen auf dem Rand und ließen die Beine herausbaumeln.

Eine gute Stunde dauerte die holprige Fahrt nach Samandağ am Mittelmeer, und dabei durfte der Fahrer keinesfalls vergessen, an der Strandpromenade noch schnell dreimal das Mausoleum des Heiligen Hızır zu umrunden – der hat sich dort, so heißt es, mit Moses getroffen – damit jeder einzelne vor Unglück geschützt war und das Meer niemanden »bei sich behielt«.

Einige Lebensmittel wurden von zuhause mitgenommen, andere wurden täglich im *bakkal*, dem kleinen Lebensmittelladen vor Ort gekauft oder direkt vom Feld geerntet und beim Bauern bezahlt. Obwohl Elektrizität vorhanden war, gab es keinen Kühlschrank – und das bei 40 °C! Daher kochten die Frauen immer nur genau so viel, dass spätestens am nächsten Tag alles verzehrt oder weiterverarbeitet war. Gekocht wurde auf einem

gasbetriebenen Herd, der ebenfalls von zuhause mitgebracht worden war. Es war keine leichte Aufgabe, in dieser improvisierten Küche üppige Menüs zuzubereiten, aber meine Mutter und ihre Schwestern und Schwägerinnen zauberten selbst dort die leckersten Köstlichkeiten.

Begonnen wurde der Tag mit dem obligatorischen schwarzen Tee sowie einer bunt gedeckten Tafel im Hof voller Oliven, verschiedenen Schafskäsesorten, Tomaten, Paprika und Gurken, *Pide* (s. S. 109), *Çökelek Salatası* (s. S. 29) und Joghurt.

Nach dem Frühstück gingen wir an den Strand, und wenn wir nach dem Toben am Meer hungrig zurück zu den Bungalows kamen, erwarteten uns die Frauen der Familie schon wieder mit Leckereien wie *Börek* (s. S. 113, 116–117) und *Lahmacun* (s. S. 112).

Die Nachmittage verbrachten wir wieder am Wasser oder schoben Tische zusammen, montierten ein provisorisches Netz darauf und spielten Tischtennis. Außerdem hatten wir Kreisel und Schwerter mitgebracht, die unser Schreineronkel uns gefertigt hatte.

Manchmal besuchte ich Onkel Ahmet, den ältesten Bruder meiner Mutter, der in Samandag eine Druckerei betrieb. Bei ihm entstand neben Hochzeitseinladungen und Quittungsblöcken auch die nach mir benannte *Özgür Gazetesi*, ein lokales Wochenblatt. Er hatte immer eine Beschäftigung für mich, ob es das Sortieren bedruckter Seiten oder das Auflösen des Bleisatzes war. Nicht selten fiel der Strom aus, und die Angestellten mussten die schweren Heidelberger Druckmaschinen mit purer Muskelkraft antreiben. Als Dankeschön ließ Onkel Ahmet dann *Lahma Lawarka*, Pide mit Hackfleisch holen, und ich durfte glücklich mit in der Runde sitzen.

Wie herrlich und sorgenfrei diese Sommer am Meer für uns Kinder doch waren. Und nichts war ungerechter, als dass ich schon vor dem Ende der türkischen Schulferien abreisen musste, weil in Deutschland im August schon wieder der Unterricht begann.

Labneh

Orientalischer Frischkäse

Ergibt 8 Portionen

500 g türkischer Süzme- o. griechischer Joghurt (mind. 3,5% Fett, besser 10%)
1 TL Salz
Pul Biber (Paprikaflocken) o. frische Kräuter nach Belieben

- Joghurt und Salz miteinander verrühen.
- Ein Sieb über eine Schüssel legen und mit einem Mulltuch auskleiden. Den Joghurt hineingeben, das Tuch fest zuwickeln und die Schüssel für 24 Std. in den Kühlschrank geben.
- Nach 24 Std. im Sieb den Labneh noch einmal ausdrücken, dann hat er die perfekte Frischkäse-Konsistenz. Wir würzen ihn noch mit Pul Biber, aber auch frische Kräuter eignen sich sehr gut.

Ein ganz einfaches Rezept für eine wunderbar erfrischende Beilage.

Zerzevat

Würzige Zwiebelbeilage

Ergibt 4–6 Portionen

2 Zwiebeln, in halben Ringen
2 EL Sumak
½ Bund glatte Petersilie
½ TL Salz
½ TL Pul Biber (Paprikaflocken)

- Halbe Zwiebelringe in einer Schüssel in Wasser einlegen, voneinander trennen und 10 Min. ziehen lassen.
- Aus dem Wasser nehmen und mit der Hand auspressen, bis kein überschüssiges Wasser mehr austritt.
- Zwiebelringe in einer Salatschüssel mit den übrigen Zutaten vermischen und servieren.

Zerzevat ist eine typische Beilage zu Fleisch- und Fischgerichten.

Tahin Sosu

Sesamsauce zu Fleisch

Ergibt 4 Portionen

60 g Tahin (Sesampaste)
60 g Joghurt (3,5 % Fett)
1 Knoblauchzehe, gepresst
Saft von ½ Zitrone
1 Messerspitze Cayennepfeffer
1 Messerspitze Paprikapulver
1 Prise gemahlener Kreuzkümmel
Salz
1 EL gehackte Petersilie

- Alle Zutaten bis auf das Salz und die Petersilie gründlich verrühren, bis eine gleichmäßige Paste entstanden ist. Wenn Sie einen elektrischen Mixer verwenden, dann stellen Sie ihn auf die niedrigste Stufe.
- Mit Salz abschmecken und die Petersilie unterrühren.
- Passt sehr gut zu Fleischgerichten und natürlich, der Klassiker, zu Falafel.

Tahinli Tarator

Walnuss-Sesamsauce zu Fisch

Ergibt 4 Portionen

20 g Walnüsse plus 2 Hälften als Dekoration
50 g Tahin (Sesampaste)
50 ml warmes Wasser
2 Knoblauchzehen, gepresst
Saft von 1 Zitrone
Salz
einige Blätter glatte Petersilie, feingehackt

- 20 g Walnüsse sehr fein hacken oder im Mörser zerstoßen.
- In einer Schüssel kräftig mit Tahin, Wasser, Knoblauch, Zitronensaft und Salz verrühren, bis eine gleichmäßige Paste entstanden ist. Wenn Sie einen elektrischen Mixer verwenden, dann stellen Sie ihn auf die niedrigste Stufe.
- Mit den beiden Walnusshälften und Petersilie dekorieren und zu gegrilltem Fisch oder Meeresfrüchten reichen.

Fasulye Bzeyt

Grüne Bohnen in Tomatensauce

Ergibt 6 Portionen

500 g grüne Bohnen
2 Zwiebeln, gehackt
150 ml Olivenöl
500 g geschälte Tomaten aus der Dose, gewürfelt
2 Knoblauchzehen, gehackt
Salz
frisch gemahlener Pfeffer
Nar Ekşisi (Granatapfelsirup)

- Bohnen waschen, putzen und Fäden abziehen.
- In einem Topf 2 EL Olivenöl erhitzen und Zwiebeln darin glasigdünsten.
- Bohnen dazugeben und 15 Min. im geschlossenem Topf dünsten.
- Restliches Olivenöl, Tomaten und Knoblauch unterrühren und im geschlossenen Topf weitere 15 Min. kochen, dabei zwischendurch umrühren.
- Topf vom Herd nehmen und mind. 10 Min. abkühlen lassen.
- Mit Salz und Pfeffer abschmecken und nach Belieben mit Nar Ekşisi beträufeln.

Fasulye Bzeyt wird gern kalt mit Pide gegessen (s. S. 109).

Fırında Kabak

Ofenzucchini

Ergibt 1 Blech

6 Zucchini
1 große Zwiebel, feingewürfelt
4 EL Pflanzenöl
1 EL Tomatenmark
1 TL Biber Salçası (Paprikamark)
1 EL Habak (getrocknetes Basilikum), zerrieben
1 TL gemahlener Kreuzkümmel
300 g Joghurt (3,5 % Fett)

- Zucchini schälen, in etwa 1 cm breite Scheiben schneiden und kräftig salzen. Im Durchschlag auf einem tiefen Teller mind. 2 Std. ziehen lassen.
- Backofen auf 200 °C vorheizen.
- In einer Schüssel restliche Zutaten zu einer Sauce verrühren und auf einem Backblech oder Tepsi (rundes türkisches Blech) verteilen.
- Zucchini auf das Blech geben, dabei gut mit Sauce bedecken.
- Im vorgeheizten Backofen etwa 1 Std. backen und mit kaltem Joghurt servieren.

Domatesli Bulgur

Tomatenbulgur

Ergibt 6 Portionen

1 große Zwiebel, gehackt
1 scharfe grüne Peperoni, entkernt und feingehackt
3 EL Rapsöl
1 gehäufter TL Biber Salçası (Paprikamark)
1 große Dose geschälte Tomaten (etwa 800 g), feingehackt
320 g grober Bulgur
1 TL Salz

- In einem Topf Öl erhitzen, Zwiebel und Peperoni darin andünsten.
- Biber Salçası hinzufügen und 2 Min. mitdünsten.
- Tomatenstücke und Bulgur unterrühren, 300 ml Wasser angießen, aufkochen und 10 Min. bei starker Hitze kochen lassen.
- Hitze reduzieren und weitere 10 Min. bei mittlerer Hitze quellen lassen, bis die ganze Flüssigkeit vollständig absorbiert ist. Mit Salz abschmecken.

Tipp: Tomaten-Bulgur ist eine beliebte Beilage zu Fischgerichten. Und wer den Geschmack von Olivenöl mag, kann nach dem Reduzieren der Hitze noch 1 EL Olivenöl hinzufügen.

Mercimekli Bulgur

Bulgurlinsen

Ergibt 4 Portionen

100 g grüne Linsen
200 g grober Bulgur
4 EL Olivenöl
1 Zwiebel, feingehackt
Salz
frisch gemahlener Pfeffer

Als Dekoration:
3 Tomaten, in Achteln

Am Vortag:

- Linsen über Nacht in Wasser einweichen.

Am nächsten Tag:

- In einem Topf Bulgur mit 2–3 Tassen Wasser (je gröber der Bulgur, desto mehr Wasser ist nötig) zum Kochen bringen und auf geringer Hitze etwa 15 Min. quellen lassen, bis die Flüssigkeit vollständig absorbiert ist.
- Linsen abtropfen und in einen Topf geben, mit Wasser bedecken und 10 Min kochen.
- Linsen sorgfältig abgießen und in einer Schüssel mit Bulgur vermischen. Mit 2 EL Olivenöl, Salz und Pfeffer abschmecken.
- In einer Pfanne die restlichen 2 EL Öl erhitzen und Zwiebel darin glasigdünsten.
- Bulgur-Linsen auf Tellern anrichten und mit den gedünsteten Zwiebeln sowie Tomatenschnitzen dekorieren.

In Antakya wird auch das Bulgur-Linsen-Gericht »Mercimekli Aş« serviert. Dabei wird auf die Tomaten verzichtet und stattdessen – je nach Jahreszeit – eine unterschiedliche Beilage gereicht: im Frühjahr Frühlingszwiebeln oder Salate mit Verjus-Dressing, im Sommer gesalzener Joghurt oder im Herbst und Winter eingelegtes Gemüse (Turşu).

Nohutlu Pilav

Kichererbsenreis

Ergibt 4 Portionen

130 g getrocknete Kichererbsen
150 ml Pflanzenöl
200 g Reis, gewaschen
1 TL Salz
1 Prise Zucker nach Belieben

- Kichererbsen mind. 12 Std. oder über Nacht einweichen lassen, dann abseien.
- In einem Topf Pflanzenöl erhitzen und Reis darin andünsten.
- 450 ml Wasser aufkochen und Reis damit ablöschen.
- Kichererbsen, Salz und Zucker hinzufügen und alles etwa 20 Min. kochen, bis die Flüssigkeit vollständig vom Reis absorbiert ist.

Tipp: Wer nicht so viel Zeit zum Einweichen hat, kann die Kichererbsen auch 10–20 Min. vorkochen, bevor sie in den Reis gegeben werden. Oder einfach 260 g Kichererbsen aus der Dose benutzen, das schmeckt auch.

Şehriye Pilavı

Reis mit Şehriye-Nudeln

Ergibt 6 Portionen

2 EL Arpa-Şehriye-Nudeln (Nudeln in Getreideform aus dem türkischen Supermarkt)
2 EL Pflanzenöl
400 g Reis, gewaschen
1 TL Salz

- In einem Topf Öl erhitzen und Şehriye-Nudeln darin kurz anbraten. Reis hinzufügen und 2 Min. mitdünsten.
- 1 l Wasser und Salz hinzufügen, einmal aufkochen lassen und bei starker Hitze und geschlossenem Deckel 15 Min. kochen lassen. Hitze reduzieren und weitere 5 Min. bei geringer Hitze köcheln lassen, bis die Flüssigkeit vollständig absorbiert ist.

Das perfekte Reiskochen – genauso wie das Tee- und Mokkakochen – gehört zur traditionellen Grundausbildung einer jeden türkisch-arabischen Frau. Und keine Hausfrau lässt in dieser Hinsicht etwas auf sich kommen. Doch zum Glück spricht sich auch unter den Männern langsam herum, dass sie durch das Kochen und in der Küche verbrachte Zeit nichts an Männlichkeit einbüßen. Dabei wurden bestimmte Gerichte sogar schon immer von männlichen Familienmitgliedern zubereitet, zum Beispiel Künefe (s. S. 104), Herise (s. S. 61) und Çiğ Köfte.

Börek und Pide

In der Stadtbäckerei

Bevor meine Mutter meinen Vater kennenlernte und ihr Elternhaus verließ, war es selbstverständlich, dass auch sie in der familieneigenen Bäckerei von Opa Mahmut mit anpackte.

Um 3 Uhr nachts wurde von den Angestellten der Ofen angeheizt, damit die *Pides* und *Somun Ekmeks*, baguetteartige Weißbrote, pünktlich zum Frühstück fertig waren. Viele Kunden brachten uns ihre *Böreks* und *Ekmeks* zum Backen vorbei, denn nicht jeder Haushalt hatte einen eigenen Ofen, und so war unsere Bäckerei auch die der Nachbarschaft.

Tante Vecihe knetete Teigfladen und drückte die typischen Mulden hinein, damit die Hitze des offenen Feuers besser das Teiginnere erreichte. Meine Mutter Kahire saß an der Kasse und plauderte mit den Frauen und Kindern, die bis zu dreimal täglich kamen, um ihre *Tepsi*, die typischen runden Bleche, mit Frischgebackenem abzuholen.

Der leckere Duft von *Pide* und *Simit*, Hefekringeln, hing ständig in der Luft und ließ jedem das Wasser im Munde zusammenlaufen.

Direkt hinter der alten Bäckerei liegt das verwunschene Wohnhaus meiner Urgroßeltern: Drei Außentüren zur Gasse führen in ein Labyrinth verschachtelter Gänge und Treppen, zu Wohnräumen auf halben Etagen, zur aufwändig ausgestatteten Holzwerkstatt meines Uropas *Kücük Dede* und zur großen Küche meiner *Kücük Nene*, der »kleinen Oma« genannten Uroma.

Auf den offenen Galerien und Balkonen konnten wir Kinder wunderbar spielen. Auf einer der Ebenen standen mannshohe Tonkrüge, in denen das Regenwasser aufgefangen wurde, eine andere Terrasse war von einer üppigen Weinpflanze überwuchert. Wenn *Kücük Dede* die Früchte für reif erklärt hatte, durften wir uns bedienen. Dann wurden die Trauben aber nicht nur gegessen, denn sie ließen sich auch wunderbar als Wurfgeschosse verwenden, wobei unser bevorzugtes Ziel der Schornstein des Backofens auf der gegenüberliegenden Seite der Gasse war. Die Kunden der Bäckerei dürften sich das ein oder andere Mal über den Obstbelag ihres *Börek* gewundert haben …

Yufka Hamuru

Yufkateig Grundrezept

Ergibt 8 grosse Blätter

700 g Mehl
400 ml Wasser
1 TL Salz
1 Prise Zucker
3 TL Rapsöl
Mehl zum Ausrollen

- In einer Schüssel Mehl, Salz, Zucker und Öl vermengen. Nach und nach 400 ml Wasser angießen und dabei kontinuierlich kneten, bis der Teig elastisch ist und nicht mehr klebt. Teig mit einem feuchten Tuch abdecken und 45 Min. ruhen lassen.
- Aus dem Teig 8 Kugeln formen und mit einem feuchten Tuch abdecken.
- Teig und Arbeitsfläche mit Mehl bestäuben und die Teigkugeln nacheinander dünn rollen, bis der Teig fast durchsichtig ist.
- Teigblätter gleich mit einem feuchten Tuch abdecken und möglichst schnell weiterverarbeiten.

Yufkateigblätter werden für viele Böreks und Uzi benötigt. Der Teig ist nicht ganz einfach herzustellen, aber Sie können ihn auch fertig im türkischen Supermarkt kaufen, als Yufka- oder Filoteig.

Uzi

Gefüllte Yufkataschen

Ergibt 6 Taschen

3–4 Yufkateigblätter
(s. S. 105)
250 g Reis, gewaschen
250 g Kalbsschnitzel
1 TL gemahlener Kreuzkümmel
2 TL Pul Biber
Salz
1 Zwiebel, gehackt
1 EL Rapsöl
etwas Butter
2 Knoblauchzehen, gehackt
450 g frische Erbsen
1 Ei
3 EL Milch

- Backofen auf 180 °C (Umluft) vorheizen.
- Reis garkochen.
- Währenddessen Kalbsschnitzel in feine Streifen schneiden und mit Gewürzen vermengen.
- In einer Pfanne Rapsöl und Butter erhitzen und Zwiebel langsam darin anbraten. Kalbfleisch hinzufügen und bei mittlerer Hitze 10 Min. anschmoren.
- Knoblauch und Erbsen hinzufügen und weiter braten, bis alles gar ist, das dauert etwa 10 Min.
- Mit dem Reis vermischen und etwas ziehen lassen.
- Währenddessen Yufkateig in 12 etwa 20x20 cm große Vierecke schneiden.
- Jeweils zwei Vierecke versetzt übereinander in eine Schale legen, sodass die Teigspitzen über den Rand hängen. Mit einem Esslöffel etwas von der Reismischung auf die Mitte des Teigs geben und etwas andrücken. Die Füllung darf nicht zu feucht sein, sonst reißt der Teig ein oder bricht nach dem Backen. Die Teigränder übereinander falten und dabei etwas ineinander verdrehen und zusammendrücken, damit die Taschen sich beim Backen nicht öffnen.
- Ein Backblech mit Backpapier auslegen und Teigtaschen darauflegen.
- In einer kleinen Schüssel Ei und Milch verrühren und die Uzis damit großzügig bestreichen. Im Backofen auf mittlerer Schiene 20 Min. backen, bis die Uzis goldbraun sind, und warm servieren.

Pide

Fladenbrot

Ergibt 2 Fladenbrote

20 g frische Hefe
300 ml lauwarmes Wasser
1 TL Zucker
450 g Mehl
2 TL Salz
4 EL Olivenöl
1 Eigelb
Schwarzkümmelsamen und Sesamsamen nach Belieben

- Hefe zerbröseln, mit lauwarmem Wasser und Zucker verrühren und 15 Min. an einem warmen Ort stehen lassen, bis die Hefe schäumt.
- In einer großen Schüssel Mehl und Salz vermengen. In der Mitte eine Mulde formen und 1½ EL Olivenöl sowie die Hefemischung hineingeben. Gut zu einem lockeren Brotteig verkneten, abdecken und an einem warmen Ort 1 Std. gehen lassen.
- Teig nochmals gut durchkneten, halbieren und 2 längliche oder runde Fladenbrote daraus formen.
- Ein Backblech mit Backpapier auslegen, Fladenbrote darauflegen, erneut mit einem Küchentuch abdecken und weitere 30 Min. gehen lassen.
- Backofen auf 220 °C vorheizen.
- Um das typische Gittermuster zu erhalten, Fingerspitzen in Olivenöl tauchen und Kuhlen in den Fladenbrotteig drücken.
- In einer kleinen Schüssel Eigelb und 1½ EL Olivenöl verrühren und die Brote damit bestreichen. Nach Belieben mit Schwarzkümmel und Sesamsamen bestreuen und im Backofen auf mittlerer Schiene etwa 20 Min. backen. Die Brote sollten beim Herausnehmen goldgelb sein. Bis zum Verzehr mit einem Küchentuch abdecken, damit sie weich bleiben und nicht austrocknen.

Achtung: Wenn kleinere Fladenbrote gebacken werden, kürzere Backzeit einplanen. Und wenn das Brot nicht gleich verzehrt wird, kann es für später gut eingefroren werden.

Kaytaz Böreği

Kleine Hackfleisch-Pizzen

Ergibt 40 Mini-Pizzen

Für den Teig:
1 kg Mehl
1 Hefewürfel (42g)
100 ml Milch
1 TL Zucker
1 TL Salz
2 EL Rapsöl
500 ml Rapsöl zum Tunken plus extra für die Bleche

Für den Belag:
500 g Rinderhackfleisch
2 Zwiebeln, sehr fein gehackt
½ rote Paprika, entkernt und feingewürfelt
2 EL Tomatenmark
frisch gemahlener Pfeffer
Salz
1 EL Rapsöl

- Für den Teig Mehl mit Hefe, Milch, Zucker und Salz vermengen. Kneten und dabei nach und nach 400 ml Wasser einarbeiten. 2 EL Rapsöl über den Teig gießen und an einem warmen Ort 1 Std. ruhen lassen.
- Teig nochmal gut durchkneten (Ohrläppchenkonsistenz) und zu 40 Bällen in der Größe von Golfbällen formen.
- 500 ml Rapsöl in eine mittelgroße Schüssel füllen und einen großen Teller oder ein Tepsi (rundes türkisches Blech) einfetten.
- Bällchen kurz in die Schüssel mit Öl tunken und auf dem Teller oder Tepsi zu sehr flachen Fladen drücken. In die Mitte ein Loch bohren und zum Rand hin vergrößern, sodass nur noch ein schmaler Teigkreis bleibt. Diese Teigringe über die Finger zu kleinen Nestern aufrollen und ein paar Min. auf dem Blech ruhen lassen.
- Backofen auf 180 °C vorheizen.
- Für den Belag in einer Schüssel alle Zutaten mit Ausnahme des Rapsöls kräftig verkneten, bis eine gleichförmige Masse entsteht. Mit Rapsöl beträufeln.
- Teignester auf 2 eingefettete Bleche verteilen und wieder etwas in die Breite ziehen. Je 1 gehäuften EL der Hackfleischmischung auf die Teigfladen geben und festdrücken.
- Im Backofen etwa 30 Min. backen, bis sie goldbraun sind.

Alternativ können Sie auch die vegetarische Variante Biberli Ekmek mit Çökelek-Käse servieren. Dafür machen Sie aus folgenden Zutaten einen Belag und verfahren sonst wie oben:

1 Zwiebel, feingehackt
3 EL Çökelek-Käse
(im türkischen Supermarkt erhältlich)
3 EL Biber Salçası (Paprikamark)
2 EL Sesamsamen
2–3 EL Zahter (Getrockneter Thymian)
150 ml Rapsöl

Lahmacun

»Türkische Pizza«

Für 4–6 Portionen

Für den Teig:
250 g Mehl
¼ TL Zucker
120 ml lauwarmes Wasser
15 g frische Hefe (etwa 1/3 Würfel)
1–2 EL Olivenöl
½ Tl Salz

Für den Belag:
300 g Kalbs- oder Lammhackfleisch
3 EL Sonnenblumen- o. Olivenöl
1–3 Knoblauchzehen, gepresst
Salz
frisch gemahlener Pfeffer
1 TL Sumak nach Belieben
½ TL gemahlener Kreuzkümmel nach belieben
½ TL Zimt nach Belieben

Für den ofenheißen Lahmacun:
1 rote Paprika, entkernt und sehr fein gewürfelt
400 g Tomaten, sehr fein gewürfelt
½ EL mittelscharfes Pul Biber (Paprikaflocken)
2 Zwiebeln, sehr fein gewürfelt
1 Bund glatte Petersilie, gehackt
1 Zitrone, in Spalten

- Hefe zerbröseln, mit lauwarmem Wasser und Zucker verrühren und etwa 15 Min. stehen lassen, bis sich ein Schaum gebildet hat.
- Das Mehl in eine Schüssel geben, ein Mulde in die Mitte drücken und die Hefemischung sowie Salz und Olivenöl hineingeben und mit einem Kochlöffel verrühren. Zu einem nicht zu feuchten glatten Teig (Ohrläppchenkonsistenz) verkneten, evtl. noch ein wenig Mehl oder Wasser nachgeben.
- Den Teig mit einem feuchten Tuch abdecken und an einem warmen Ort etwa eine Std. gehen lassen, bis er sich verdoppelt hat.
- Währenddessen den Belag zubereiten, dazu alle Zutaten gründlich vermischen und kurz in einer Pfanne krümelig anbraten.
- Backofen auf höchste Temperatur vorheizen.
- Aus dem Teig 4–6 Bällchen formen und diese ziemlich dünn rund ausrollen. Mit der Fleischmischung bestreichen und im Backofen bei höchster Hitze in etwa 5–8 Min. knusprig backen.
- Die ofenheißen Lahmacun mit Paprika- und Tomatenwürfeln, Paprikaflocken, Zwiebelwürfelchen sowie glatter Petersilie bestreuen und mit Zitronenschnitzen servieren.

Tipp: Lahmacun bedeutet soviel wie »Fleisch mit Teig«, das aus dem arabischen (vermutlich aus der Gegend des heutigen Irak) stammende würzig belegte Fladenbrot wird auch türkische Pizza genannt. Es eignet sich gleichermaßen als Snack oder als Hauptspeise und wird traditionell mit einem Zitronenviertel serviert.

Ispanikli Börek

Spinatbörek à la Kahire

Ergibt 40 Böreks

Für den Teig:
1 kg Mehl
1 Hefewürfel (42 g)
100 ml Milch
1 TL Zucker
1 TL Salz
2 EL Rapsöl
500 ml Rapsöl zum Tunken plus extra für die Bleche

Für die Füllung:
500 g frischer Spinat
1 EL Salz
2 große Zwiebeln, gehackt
250 g Schafskäse, zerkrümelt
1 EL Pul Biber (Paprikafloken)
2 EL Olivenöl

- Für den Teig Mehl mit Hefe, Milch, Zucker, Salz und 2 EL Öl vermengen. Kneten und dabei nach und nach 400 ml lauwarmes Wasser einarbeiten. An einem warmen Ort 1 Std. ruhen lassen.
- Währenddessen für die Füllung Spinat waschen und kleinzupfen. In einer Schüssel gut mit Salz vermengen und 10 Min. ruhen lassen, dann gründlich ausdrücken.
- Zwiebelwürfel mit der Hand zerdrücken und unter den Spinat mengen. Schafskäse und Pul Biber hinzufügen, Olivenöl untermischen und beiseitestellen.
- Backofen auf 180 °C vorheizen.
- Teig zu Bällen von etwa 7 cm Ø formen.
- 500 ml Rapsöl in eine Schüssel füllen und Teigbällchen kurz hineintunken. Auf einem großen Teller oder Tepsi (rundes türkisches Blech) zu Fladen drücken und die Seiten von außen nach innen einschlagen, sodass sich Quadrate ergeben.
- Jedes Quadrat auf die vierfache Größe drücken, 1 gehäuften EL der Füllung daraufgeben und die Ecken wie bei einem Briefumschlag nach innen schlagen.
- 2 Backbleche einfetten, je 20 Böreks darauf verteilen und etwa 30 Min. backen, bis sie goldbraun sind.

Böreks schmecken warm oder auch am nächsten Tag kalt. Sie sollten Sie dann im Kühlschrank aufbewahren.

Su Böreği

Wasserbörek mit Schafskäsefüllung

Ergibt 1 Blech

500 g Mehl
4 Eier
½ TL Salz
150 g Butter
250 ml Milch
250 g Schafskäse
1 Bund Dill, gehackt
1 Bund glatte Petersilie, gehackt
½ TL Pul Biber (Paprikaflocken)
Fett für das Blech

- Mehl in eine große Schüssel geben und in die Mitte eine Vertiefung drücken.
- In einer kleinen Schüssel 3 Eier mit Salz und ein wenig lauwarmem Wasser verquirlen und in die Mulde geben. Alles zu einem zähen Teig verkneten.
- Ein tiefes Backblech einfetten und ¼ des Teigs dünn ausrollen, sodass an beiden Seiten etwa 5 cm heraushängen.
- Restlichen Teig in 8 Stücke teilen und ebenfalls sehr dünn ausrollen.
- In einem sehr großen Topf Salzwasser zum Kochen bringen. Teigblätter nacheinander hineingeben und je 2 Min. kochen, danach sofort für 1 Min. in eine Schüssel mit kaltem Wasser geben und auf einem Küchentuch abtropfen lassen.
- Backofen auf 180 °C vorheizen.
- Die Butter schmelzen, abkühlen lassen und mit dem restlichen Ei und der Milch verquirlen.
- Das große Teigblatt locker auf den Boden des Backblechs legen und mit ein wenig der Buttermischung bepinseln. Dann nacheinander 4 der kleineren Teigblätter hineinlegen, dabei ebenfalls jeweils mit der Mischung bepinseln.
- In einer Schüssel Schafskäse mit Dill, Petersilie und Pul Biber vermischen und auf dem Teig in der Form verteilen.
- Restliche 4 Teigblätter locker hineinlegen, dabei ebenfalls jeweils mit der Mischung bepinseln.
- Teigränder umschlagen, restliche Buttermischung auf dem Börek verteilen, mit einer Gabel mehrmals einstechen und den Börek im Backofen 40 Min. backen.
- Nach dem Abkühlen aufschneiden und warm oder kalt servieren.

Kabak Böreği

Zucchiniborek

Ergibt 1 Blech

150 g Butter
250 ml Milch
2 Eier
200 g Zucchini, grob geraspelt
2 Knoblauchzehen, gehackt
2 EL Pflanzenöl
200 g Schafskäse, zerbröselt
1 TL Pul Biber (Paprikaflocken)
2 Stengel glatte Petersilie
5 Yufkateigblätter (s. S. 105)
2 TL Schwarzkümmelsamen
Fett für das Blech

- Butter schmelzen, abkühlen lassen, mit Milch, 1 Ei und 1 Eiweiß verquirlen (1 Eigelb beiseitestellen).
- In einer Pfanne Öl erhitzen und Zucchini und Knoblauch darin 3 Min. andünsten. Abkühlen lassen und mit Schafskäse, Pul Biber und gehackter Petersilie vermengen.
- Backofen auf 180 °C vorheizen.
- Backblech einfetten und mit einem Yufkateigblatt komplett auslegen, sodass die Ränder überhängen. Mit Milchmischung bestreichen und ein weiteres Yufkateigblatt auflegen, erneut mit der Mischung bestreichen. Die Hälfte der Zucchinimischung darauf verteilen. Darauf wieder ein Yufkateigblatt legen und es mit der Milchmischung bestreichen. Ein weiteres Yufkateigblatt auflegen und die zweite Hälfte der Zucchinifüllung darauf verteilen. Das letzte Yufkateigblatt auflegen, erneut von der Milchmischung darübergießen und die Teigränder des untersten Yufkateigblatt nach innen über den Börek klappen.
- Restliche Sauce auf dem Börek verteilen, Eigelb verquirlen und Börek damit bestreichen. Mit Schwarzkümmel bestreuen und im vorgeheizten Backofen etwa 40 Min. backen, bis der Teig schön gebräunt ist.

Tipp: Börek schon vor dem Backen mit einem scharfen Messer in handliche Stücke schneiden. Dann bleiben die Portionen unversehrt, wenn sie später vom Blech genommen werden.

Sambusak

Teigtaschen mit zweierlei Füllung

Ergibt etwa 20 Taschen

Für den Teig:
1 kg Mehl
200 ml warme Milch
1 Hefewürfel (42 g)
4 TL Butter
2 TL Zucker
1 TL Salz
1 Ei zum Bepinseln
Schwarzkümmel-
o. Sesamsamen zum Bestreuen
Fett für das Blech

Für die Spinatfüllung:
750 g frischer Spinat
1 Zwiebel, klein gehackt
3 EL Pflanzenöl
3 EL Nar Ekşisi
(Granatapfelsirup)
Salz
frisch gemahlener Pfeffer

Für die Rindfleischfüllung:
300 g Rinderhackfleisch
1 Zwiebel, gehackt
1 Knoblauchzehe, zerdrückt
3 EL Pflanzenöl
200 g Tomaten, feingewürfelt
1 TL gehackte glatte Petersilie
Salz
Pul Biber (Paprikaflocken)

- Hefewürfel in 100 ml lauwarmem Wasser auflösen. In einer Schüssel mit Mehl, Milch, Butter, Zucker und Salz vermengen und gut durchkneten. An einem warmen Ort etwa 1 Std. gehen lassen.
- Währenddessen für die Spinatfüllung den Spinat in einen großen Topf mit kochendem Salzwasser geben und kurz blanchieren. Aus dem Wasser heben, kalt abschrecken und gut ausdrücken.
- In einer Pfanne Öl erhitzen und Zwiebeln darin anbraten. Spinat und Nar Ekşisi hinzufügen und mit Salz und Pfeffer abschmecken.
- Für die Rindfleischfüllung in einer Pfanne Öl erhitzen und Zwiebeln und Knoblauch darin anbraten. Fleisch hinzufügen und gut durchbraten. Tomate und Petersilie untermischen und mit Salz und Pul Biber würzen.
- Backofen auf 180 °C vorheizen.
- Hefeteig zu 20 Kugeln in der Größe von Golfbällen formen und zu kreisrunden Fladen von etwa 10 cm Ø ausrollen.
- Je 1 EL der Spinat- oder Fleischfüllung auf eine Hälfte jedes Teigfladens geben und Teigfladen zu halbmondförmigen oder dreieckigen Taschen zusammenfalten. Ränder fest andrücken.
- Backblech einfetten oder mit Backpapier ausgelegen. Teigtaschen auf das Blech geben, mit Ei bepinseln und mit Schwarzkümmel- oder Sesamsamen bestreuen. Im Backofen auf mittlerer Schiene 15–20 Min. backen, bis sie goldbraun sind, warm servieren.

Süßes und Getränke

Familie Zuckerbäcker

Die Familie meines Mannes väterlicherseits waren Zuckerbäcker, und eben diesem Umstand verdanken sie auch ihren Familiennamen, denn als unter Atatürk in den 1920er Jahren jedem Landsmann ein türkischer Name vermacht wurde, lag es auf der Hand, dass Özgürs Großvater offiziell der »Tatlıcı« wurde, der Süßigkeiten-Macher.

Früher waren es Özgürs Großvater Suleiman, sein Vater Semih sowie sein Onkel Bedi, die Müşebbek produzierten. Und wie damals wird der Teig auch heute noch mit einer ellenlangen Tülle in O-Form in große Töpfe mit siedendem Öl gespritzt und ausgebacken. Dann lässt man das Öl abtropfen und zieht die Schmalzkringel durch Zuckerwasser – süßer geht es nicht! Auch heute gibt es noch Zuckerbäcker in Özgürs Familie. In direkter Nachbarschaft des beliebten Savon Hotels, einer ehemaligen Seifenfabrik, die aufwendig restauriert wurde, liegt das Geschäft von Metin und Levent. Die beiden Brüder sind Cousins von Özgür und halten das traditionelle Familienhandwerk der Zuckerbäckerei aufrecht. Und auch bei ihnen gibt es Müşebbek, Schmalzgebäck, in den verschiedensten Varianten.

Müşebbek ist – genau wie *Simit*, die herzhafte Variante mit Sesam – eine Leckerei, die nicht in Ladengeschäften angeboten wird wie etwa *Künefe* oder *Baklava*, sondern vom Verkaufswagen aus feilgeboten. Früher haben die Tatlıcıs diesen Wagen noch selbst durch die Gassen des alten Antakya geschoben. Oder das Gebäck auf einem großen *Tepsi* genannten Tablett auf dem Kopf herumgetragen. Ihre Stammkunden waren unter anderem die Soldaten der benachbarten Kaserne, die ihre Pausen auf dem Übungsplatz gern nutzten, um einen köstlichen Kringel zu genießen. Wenn die Tavla spielenden Männer nachmittags an der Straße saßen und den obligatorischen Tee tranken, kam der Müşebbek-Verkäufer auch gerade recht. Und samstags, wenn die Familien gemeinsam zum Einkaufen in die Stadt gingen, riefen sie den Müşebbek-Wagen heran und spendierten den Kindern einen Schmalzkringel.

Für Özgür ist es eine seiner schönsten Kindheitserinnerungen, wie sein Onkel Bedi ihm einen Extrakringel Müşebbek in die Hand drückte: nicht einfach ein geschwungenes »O«, sondern eine dicke Spirale – über die er sich dann zu Hause, mit den anderen Kindern hermachte. Denn Süßigkeiten waren damals ein Luxusgut, das nicht alle Eltern ihren Kindern bieten konnten.

Müşebbek Tatlısı

Tatlıcı Schmalzkringel

Ergibt etwa 20 Kringel

Für den Teig:
400 g Mehl
6 g Trockenhefe
600 ml Wasser

Für den Sirup:
1 kg Zucker
1 l Wasser
10 Tropfen Zitronensaft

1 l Pflanzenöl zum Frittieren

- Für den Sirup in einem Topf Zucker mit 1 l Wasser zum Kochen bringen. Wenn das Zuckerwasser zu kochen beginnt, Zitronensaft hinzugeben und Sirup bei geringer Hitze 30 Min. kochen. Danach abkühlen lassen.
- In einer tiefen Rührschüssel Mehl und Trockenhefe mit 2 EL des Sirups und 600 ml Wasser zu einem Teig verrühren. Mit einem Tuch abdecken und 30 Min. ruhen lassen.
- Pflanzenöl in einer mittelgroßen Pfanne oder Fritteuse stark erhitzen. Teig mit einem Spritzbeutel mit Sterntülle in Kringeln von etwa 10 cm ∅ in das heiße Öl geben, sodass Anfang und Ende sich 2 cm überlappen. Nach 3–5 Min. wenden und weitere 3 Min. frittieren.
- Kringel 5 Min. in den Sirup tauchen und auf Küchenpapier oder einem Gitter abtropfen lassen, damit sie eine knusprige Konsistenz erhalten.

Müşebbek wird üblicherweise in Großküchen zum Verkauf hergestellt. In einer Privatküche muss man daher etwas improvisieren, aber das Ergebnis kann sich sehen und schmecken lassen!

Kabak Tatlısı

Süßer Kürbis mit Walnüssen

Ergibt 6 Portionen

500 g Hokkaido-Kürbis, geschält und in 3 cm großen Würfeln
500 g Zucker
10 Tropfen Zitronensaft
200 g gehackte Walnüsse
100 g Kaymak (türkische Sahne) o. Crème fraîche

- Kürbis und Zucker in einen Topf geben und, wenn die Zeit es erlaubt, 1–2 Std. Wasser ziehen lassen. Deckel schließen und bei mittlerer Hitze köcheln lassen, bis sich der Zucker aufgelöst hat, das dauert etwa 5 Min.
- Vom Herd nehmen, Kürbis mit Zitronensaft beträufeln und abkühlen lassen.
- Auf Dessertschalen verteilen, je 1 EL Kaymak draufgeben und mit gehackten Walnüssen dekorieren.

Şam Tatlısı

Damaszenischer Grießkuchen

Ergibt 1 Blech

Für den Sirup:
800 g Zucker
600 ml Wasser
10 Tropfen Zitronensaft

Für den Teig:
450 g İrmik
(feiner Weizengrieß)
120 g Mehl
220 g Zucker
1 EL Tahin (Sesampaste)
1 Päckchen Backpulver
1 TL Zimt
1 kg Joghurt (3,5 % Fett)

2 EL Tahin
100 g gehackte Walnüsse
½ TL Zimt
etwa 20 Mandeln, gehäutet und halbiert

- Für den Sirup in einem Topf Zucker mit 600 ml Wasser zum Kochen bringen. Wenn das Zuckerwasser zu kochen beginnt, Zitronensaft hinzugeben und Sirup bei geringer Hitze 30 Min. kochen.
- Danach abkühlen lassen.
- Backofen auf 180 °C vorheizen.
- In einer Schüssel alle Zutaten für den Teig verrühren.
- Ein tiefes Backblech oder großes Tepsi (rundes türkisches Blech) mit 2 EL Tahin bestreichen und die Hälfte des Teigs gleichmäßig darauf verteilen.
- Mit gehackten Walnüssen und Zimt bestreuen und mit der restlichen Teigmasse abdecken.
- Im Backofen auf der mittleren Schiene 15 Min. backen.
- Kurz herausnehmen und mit einem Messer das typische Şam Tatlısı Muster einritzen: Längs- und Querstreifen mit etwa 5 cm Abstand, sodass sich Rauten ergeben. Für weitere 15 Min. in den Ofen schieben.
- Aus dem Ofen nehmen, Zuckersirup vorsichtig in die Ritzen des Musters gießen und jedes Stückchen mit einer Mandelhälfte dekorieren.
- Mind. 12 Std. bei Zimmertemperatur ziehen lassen.

Havuç Tatlısı

Süße Karottenbällchen

Ergibt 30 Bällchen

500 g Karotten, geschält und fein gerieben
50 g Zucker
8 Butterkekse, zerbröselt
30 g gehackte Walnüsse
50 g Kokosraspeln

- In einer Pfanne Karotten bei geringer Hitze etwa 20 Min. köcheln, bis die Feuchtigkeit verdampft ist.
- Zucker unterrühren und weitere 3 Min. köcheln lassen. Vom Herd nehmen und abkühlen lassen.
- Butterkekse und Walnüsse in die Masse kneten und mit feuchten Händen Bällchen von etwa 5 cm ∅ formen. In Kokosraspeln rollen und servieren.

Havuç Tatlısı ist eine herrliche Süßigkeit für alle, denen die typisch orientalischen Desserts vielleicht zu süß sind.

Ayva Tatlısı

Würzige Quitten

Ergibt 6 Portionen

3 große Quitten
Saft von ½ Zitrone
360 g Zucker
10 Gewürznelken
1 Zimtstange
100 g Kaymak (türkische Sahne) o. Vanilleies o. Crème fraîche
50 g gehackte Pistazien

- Quitten waschen, halbieren, entkernen (Kerne beiseitelegen) und schälen.
- Zitronensaft in 1 l Wasser geben und die Quitten kurz eintunken, damit sie nicht braun werden.
- Quittenhälften in eine große, tiefe Pfanne geben. Gewürznelken auf und um die Früchte legen, je 60 g Zucker auf den Hälften verteilen und die Zimtstange sowie Quittenkerne hinzufügen.
- 150 ml Wasser angießen, aufkochen und bei geringer Hitze etwa 1 Std. köcheln lassen, bis die Früchte sich rot verfärbt haben.
- Früchte auf Dessertschalen verteilen, je 1 EL Kaymak draufgeben und mit gehackten Pistazien dekorieren.

Aşure

Noahs Süßspeise

Ergibt 8 Portionen

400 g Aşurelik Buğday (Weizen aus dem türkischen Supermarkt)
300 g Kichererbsen aus der Dose
300 g weiße Bohnen aus der Dose
100 g Reis, gewaschen
700 g Zucker
Abrieb von 1 Bio-Orange
2 EL Mehl
50 g Rosinen
7 getrocknete Feigen, grob gewürfelt
10 getrocknete Aprikosen, grob gewürfelt
200 ml Milch nach Belieben
30 g Haselnüsse
30 g Walnüsse
30 g Pinienkerne
Zimt
4 EL Granatapfelkerne

Am Vortag:

- Weizen in einen großen Topf mit dickem Boden geben, knapp mit Wasser bedecken und über Nacht einweichen.

Am nächsten Tag:

- Gequollenen Weizen abgießen, 4 l frisches Wasser angießen, aufkochen und 30 Min. bei mittlerer Hitze köcheln lassen. Vom Herd nehmen und einige Std. im Wasser ruhen lassen.
- Topf bei mittlerer Hitze wieder auf den Herd stellen. Kichererbsen, weiße Bohnen, Reis, Zucker und Orangenabrieb nach und nach unterrühren.
- Mehl in etwas Wasser auflösen, durch ein Sieb geben und ebenfalls untermischen.
- Rosinen, Feigen und Aprikosen unterrühren und nach Belieben Milch hinzufügen für eine sämigere Konsistenz. Weiter umrühren, damit die Aşure nicht am Boden des Topfes klebt. Bei Bedarf mit etwas heißem Wasser verdünnen.

- Bei geringer Hitze 1 Std. köcheln lassen und auf kleine Dessertschalen aufteilen.
- Mit Nüssen, etwas Zimt und einigen Granatapfelkernen bestreuen, abkühlen lassen und kalt servieren.

Jede Familie hat ihr ganz eigenes »Hausrezept«, und Sie können nach Belieben Mandeln, Rosenwasser, Granatapfelsirup oder Traubensaft hinzufügen.

Aşure ist eine im Mittleren Osten weit verbreitete Süßspeise, die aus mindestens sieben Zutaten besteht. Nach islamischer Zeitrechnung wird sie am 10. Tag des islamischen Monats Daî (Türkisch Muharrem) zubereitet und an mindestens sieben Nachbarn und Freunde verteilt. Nach islamischem Glauben geht dieser Brauch auf Noah zurück, der nach der großen Sintflut mit den letzten Resten seiner Vorräte ebendiese Süßspeise zum ersten Mal zubereitet hat.

Baklava

Baklava

Ergibt 1 Blech

Für den Sirup:
1 l Wasser
600 g Zucker
3 EL Orangensaft
10 Tropfen Zitronensaft

Für das Baklava:
500 g Baklavateigblätter
(o. sehr dünne Filoteigblätter)
125 g Butter, geschmolzen
250 g Walnüsse, gehackt
75 g Pistazien, gehackt
75 g Mandeln, gemahlen

- Für den Sirup in einem Topf Zucker mit 1 l Wasser zum Kochen bringen und 15 Min. kochen lassen. Orangen- und Zitronensaft unterrühren, die Flüssigkeit vom Herd nehmen und abkühlen lassen.
- Backofen auf 180 °C vorheizen.
- Einige EL der gehackten Pistazien beiseitelegen und die restlichen mit Walnüssen und Mandeln vermischen.
- Ein tiefes Backblech oder Tepsi (rundes türkisches Blech) von etwa 30 cm Ø einfetten. Ein Teigblatt einlegen und großzügig mit geschmolzener Butter bestreichen. Ein zweites Blatt locker und leicht knitterig (damit das Baklava schön luftig wird) bis zum Blechrand darüberlegen und einen Teil der gehackten Nüsse gleichmäßig darüberstreuen. So weiter verfahren, bis die Teigblätter und die Nussmischung aufgebraucht sind.
- Baklava mit einem sehr scharfen Messer in gleichgroße quadratische oder rautenförmige Stücke schneiden. Restliche Butter gleichmäßig darübergießen und im Backofen auf der mittleren Schiene in etwa 30 Min. goldbraun und knusprig backen.
- Baklava aus dem Ofen nehmen und erkalteten Sirup gleichmäßig darübergießen. Zugedeckt ruhen lassen, bis der Sirup gut eingezogen ist, mit gehackten Pistazien dekorieren und servieren.

Wir essen Baklava gern mit Vanilleeis.

Elmalı Poğaça

Apfelhörnchen

Ergibt 40 Hörnchen

Für die Füllung:
3 große süße Äpfel, geschält und gerieben
3 EL Zucker
75 g feingehackte Walnüsse
1 TL Zimt

Für den Teig:
500 g Mehl
700 ml Wasser
Abrieb von ½ Bio-Zitrone
100 ml Rapsöl
1 Päckchen Vanillezucker
1 Päckchen Backpulver
50 g Puderzucker
3 EL Joghurt (3,5 % Fett)
250 g weiche Butter
Fett für das Blech

- In einem Topf Äpfel und Zucker bei geringer Hitze 10 Min. köcheln lassen.
- Vom Herd nehmen, gehackte Walnüsse untermischen, mit Zimt bestreuen und abkühlen lassen.
- Backofen auf 180 °C (Umluft) vorheizen.
- Für den Teig alle Zutaten in einer Schüssel gut verkneten, bis ein glatter Teig entsteht. In 5 Bälle teilen und jeweils kreisförmig auf etwa 25 cm Durchmesser ausrollen.
- Wie bei einer Torte in Achtel schneiden und je 1 TL der Apfelfüllung auf das breite untere Ende setzen. Den Teig zum dünnen Ende hin aufrollen.
- Backblech einfetten, Apfeltaschen mit ein wenig Abstand darauf verteilen und im Backofen auf mittlerer Schiene 20 Min. backen.

Portakallı Kurabiye

Orangenkekse

Ergibt 1 Blech

300 g Mehl
250 g Butter
100 g Puderzucker
1 Päckchen Vanillezucker
½ TL Salz
Abrieb von 2 Bio-Orangen
3 TL Fenchelsamen, zerstoßen
Fett für das Blech

- Alle Zutaten in einer Schüssel vermengen und zu einem Teig kneten. In Frischhaltefolie wickeln und 1 Std. kaltstellen.
- Backofen auf 180 °C (Umluft) vorheizen.
- Backblech einfetten, den Teig über die gesamte Größe darauf ausrollen und erneut 20 Min. lang kühlstellen.
- Teig mit dem Messer in Vierecke von 3x6 cm Größe schneiden.
- Im Backofen auf der mittleren Schiene etwa 12 Min. backen, bis die Oberfläche schön gebräunt ist. Abkühlen lassen und servieren.

Fırında Sütlaç

Überbackener Milchreis

Ergibt 8 Portionen

250 g Rundkorn- o. Milchreis, gewaschen
200 ml Wasser
Salz
1 l Milch
100–125 g Zucker nach Belieben
1 Päckchen Vanillezucker
1 EL Speisestärke o. Maismehl
Zimt

- Reis in einem hohen Topf in 200 ml leicht gesalzenem Wasser zum Kochen bringen.
- Milch, Zucker und Vanillezucker hinzufügen, erneut aufkochen und 10 Min. bei starker Hitze kochen, dabei stetig rühen. Temperatur reduzieren und weitere 20 Min. bei niedriger Hitze köcheln lassen, dabei weiter gut umrühren, damit nichts am Boden ansetzt.
- Backofen auf 180 °C (Oberhitze) vorheizen.
- Speisestärke in den Reis rühren und weitere 10 Min. unter ständigem Rühren köcheln lassen.
- Auf kleine Souffleeformen verteilen, mit Zimt bestreuen und im Backofen auf der oberen Schiene in etwa 10 Min. gratinieren.

Sie können die oberste Schicht auch mit einem Flambierbrenner karamellisieren.

Und wer es gern noch orientalischer hat, fügt 15 Minuten vor dem Ende der Kochzeit je 1 TL Rosen- und Orangenblütenwasser hinzu und dekoriert die Förmchen mit zerstoßenen Pistazienkernen.

Peynirli İrmik Helvası

Grießbrei mit Tuzsuz Peynir

Ergibt 6 Portionen

Für den Sirup:
320 g Zucker
600 ml Wasser

150 g feiner Grieß
250 g Tuzsuz Peynir
(o. Mozzarella), fein gerieben
2 EL Butter

- Für den Sirup in einem großen Topf Wasser zum Kochen bringen und Zucker darin auflösen, sodass ein Sirup entsteht.
- In einer Pfanne 1 EL Butter zerlassen, Grieß darin anrösten und unter den Sirup rühren. Unter ständigem Rühren kochen, bis die Masse einzudicken beginnt, das dauert etwa 15 Min.
- Vom Herd nehmen und kräftig den Käse unterrühren, bis die Konsistenz so ist, dass man mit einem Löffel lange Käsefäden aus der Masse ziehen kann.
- Restliche Butter schmelzen, über die Süßspeise geben und warm servieren.

Vor allem Kindern macht es Spaß, sich gegenseitig im Fädenziehen zu übertreffen.

Künefe

Engelshaar

Ergibt 4 Portionen

Für den Sirup:
180 g Zucker
400 ml Wasser
Saft von ½ Zitrone

150 g Taze Kadayıf (frischer Fadenteig aus dem türkischen Supermarkt)
250 g Butterschmalz plus extra für die Pfanne
100 g Tuzsuz Peynir (o. Mozzarella), in dünnen Scheiben
50 g Pistazien, gehackt

- In einem Topf Zucker in 400 ml kochendem Wasser auflösen. Zitronensaft zufügen und abkühlen lassen.
- Fadenteig in 5 cm lange Stücke schneiden und auseinanderzupfen. 250 g Butterschmalz erwärmen und vorsichtig hineinkneten.
- Eine kleine Pfanne gut mit Butterschmalz einfetten, die Hälfte des Fadenteigs auf dem Boden verteilen und (z.B. mit dem Boden eines Wasserglases) sehr fest andrücken. Tuzsuz Peynir darauf verteilen und andrücken und schließlich den restlichen Fadenteig daraufgeben und erneut sehr fest andrücken.
- Pfanne stark erhitzen und braten, bis der Fadenteig unten schön gebräunt ist.
- Künefe mithilfe eines Tellers wenden und die andere Seite braten, bis sie ebenfalls gebräumt ist.
- Vom Herd nehmen, abgekühlten Zuckersirup über das Künefe in der Pfanne gießen und mit Pistazien dekorieren.

Ursprünglich wurde Künefe auf dem offenen Feuer gebacken, daher kommt das Erhitzen in der Pfanne auf dem Herd der Herstellung am nächsten. Manche bevorzugen es aber, Künefe im Ofen zu backen. Stellen Sie dafür den Herd auf Unterhitze und behalten Sie den Bräunungsprozess der Unterseite im Blick.

Tuzlu Kurabiye

Salziges Teegebäck à la Vecihe

Ergibt etwa 40 Kringel

300 g Mehl
100 ml Pflanzenöl
100 g Butter, geschmolzen
100 g Joghurt (1,5% Fett)
2 EL Magermilch
3 TL Salz
8 TL Zucker
Sesamsamen
Schwarzkümmelsamen
Fett für das Blech

- Backofen auf 175 °C vorheizen.
- Alle Zutaten mit Ausnahme der Sesam- und Schwarzkümmelsamen in einer Schüssel vermischen und kneten, bis der Teig weich ist (Ohrläppchenkonsistenz).
- Teig in 40 kleine Kugeln teilen. Kugeln zusammendrücken und zwischen den Handflächen zu einem Strang ausrollen und zu Ringen von etwa 5 cm Durchmesser formen.
- Sesam- und Schwarzkümmelsamen auf der Arbeitsfläche ausstreuen und die Teigkringel darin wenden.
- Backblech einfetten oder mit Backpapier auslegen und die Kringel darauf verteilen. Im Backofen auf mittlerer Schiene 25–30 Min. backen, bis die Kringel leicht gebräunt sind.

Statt der Kringel können Sie auch Schleifen oder Stäbchen formen, ganz wie es Ihnen gefällt.

Ayran

Herzhaftes Joghurtgetränk

Ergibt 4 grosse Gläser

600 g Süzme-Joghurt aus dem türkischen Supermarkt (10% Fett)
300 ml kaltes Wasser
1 TL Salz
Gewürze nach Belieben: frische Minze, frische Zitronenmelisse, Gurkenwasser, Zitronensaft

- Joghurt, Wasser und Salz in einer Karaffe mit dem Schneebesen glattrühren und würzen.
- Nach Belieben ein paar Eiswürfel hinzugeben, kühlen und vor dem Servieren noch einmal umrühren.

Sie können Ayran je nach Jahres- oder Tageszeit, Wetterlage und Geschmack mehr oder weniger dickflüssig und sättigend oder verdünnt und erfrischend zubereiten.

Salep 1

Heiße Zimtmilch

Ergibt 12 kleine Tassen

1 EL Reismehl
1 EL Speisestärke o. Maismehl
½ TL gemahlener Ingwer
4 EL Zucker o. Puderzucker
2 EL Vanillezucker
1,6 l Milch
Zimt

- In einem Topf Reismehl, Speisestärke, Ingwer, Zucker und Vanillezucker vermischen.
- Nach und nach die Milch angießen, unter Rühren zum Kochen bringen und 5 Min. bei geringer Hitze köcheln lassen.
- In Tassen füllen, mit Zimt bestreuen und warm servieren.

Ein wunderbares Wintergetränk, das in arabischen Ländern wie bei uns heißer Kakao getrunken wird. Wenn Sie es würziger mögen, probieren Sie auch die Variante mit Gewürznelke.

Salep 2

Heiße Zimtmilch mit Gewürznelke

Ergibt 4 grosse Becher

1 l Milch plus ein wenig zum Anrühren
4 Gewürznelken
4 TL Vanillepuddingpulver
½ TL gemahlener Ingwer
4 TL Zucker
Zimt

- In einem Topf 1 l Milch mit Gewürznelken aufkochen.
- Vanillepuddingpulver mit etwas Milch anrühren und hinzufügen.
- Ingwer und Zucker hinzufügen und Milch schaumig schlagen.
- Mit Zimt bestreuen und warm servieren.

Limonata

Limonade

Ergibt 6 grosse Gläser

6 Bio-Zitronen
1 Bio-Orange
1,5 l Wasser
etwa 180 g Zucker nach Belieben
einige Blätter frische Minze o. Zitronenmelisse

- Früchte waschen und die Schalen abreiben. Weiße Haut dabei intakt lassen. Früchte auspressen.
- In einem Topf 1,5 l Wasser aufkochen und Topf vom Herd nehmen. Zucker, Saft und Abrieb der Früchte einrühren, bis sich alles aufgelöst hat.
- Limonade abkühlen lassen und dann in den Kühlschrank stellen.
- In eine Karaffe füllen, Eiswürfel und Minze hineingeben und servieren.

Wer es sprudelig mag, kann auch nur 1 l Wasser aufkochen und vor dem Servieren ½ Liter Mineralwasser hinzufügen.

Çay

Türkischer Tee

2 EL türkischer Tee (getrocknete schwarze Teeblätter aus dem türkischen Supermarkt)
2 Gewürznelken

- Am besten eignet sich für die Zubereitung von türkischem Tee die typische zweigeteilte Çaydanlık (2 Teekannen übereinander). Teeblätter mit warmem Wasser abspülen und zusammen mit den Gewürznelken lose (ohne Teesieb) in die obere Kanne geben. Untere, größere Kanne mit Wasser füllen und beide übereinander auf den Herd stellen und erhitzen. Wenn das Wasser kocht, die obere Kanne damit füllen und den Tee bei niedriger Hitze etwa 5 Min. ziehen lassen.
- Zum Servieren den gezogenen Tee in kleinen türkischen Teegläsern je nach Geschmack mit dem heißen Wasser aus der großen Kanne verdünnen. Die Kannen bleiben übereinander bei niedriger Hitze auf dem Herd, sodass immer wieder nachgenommen werden kann. Je länger der Tee zieht, desto mehr verdünnt man ihn mit dem Wasser aus der unteren Kanne.

Anhang

Register

Danksagung

Mein Dank gilt vor allen anderen meiner Schwiegermutter Kahire Tatlıcı, die in unserer Küche unermüdlich Gerichte aus ihrem Familienfundus zubereitet hat – aus dem Kopf und ohne jegliche Notizen. Ihre Erfahrung und ihre Intuition in Rezepte zu übersetzen, war die größte Herausforderung.
Tausend Dank auch meinem Mann Özgür, der mich in all meinen Projekten, nicht nur unserem gemeinsamen Kochbuch, bedingungslos und uneingeschränkt unterstützt. Seine und Kahires Erinnerungen an die alte Heimat Antakya waren Quelle für meine Erzählungen und haben uns alle einander noch einmal nähergebracht.
Vecihe Tatlıcı, Özgürs »zweite Mama«, hat dieses Buch mit ganz besonderen Hatay-Rezepten bereichert. Und Lefke Yükselen sowie ihr Mann Atila sind unsere erweiterte Familie in Antakya. Unvergesslich die gemeinsamen Kochabende mit Alisa, Melisa und Yağmur bei Euch zuhause!

Annegret Ritter ergänzt das geschriebene Wort perfekt mit ihren wunderbar stimmungsvollen Illustrationen. Toll, wie du dich in die türkisch-arabische Welt hineindenken kannst!
Meine liebe Kollegin und Freundin Swantje Steinbrink hat den Produktionsprozess mit kritischem Auge und guten Ratschlägen begleitet. Und nicht zuletzt gebührt dem Verlag Jacoby & Stuart der Dank, dass aus der ursprünglichen Idee dieses Werk entstehen konnte. Çok teşekkür ederim, Nicola Stuart und Edmund Jacoby, sowie auch der akribischen Lektorin Karoline Snoek!

Ulrike Plessow

Kahire Tatlıcı entstammt einer Bäcker-Familie und beglückt mit ihren Koch- und Backkünsten inzwischen vier Generationen von Tatlıcıs. Ihr Sohn **Özgür Tatlıcı** hat das Kulinaria-Gen geerbt und ist spezialisiert auf die vegetarische arabisch-türkische Küche. Seine Frau **Ulrike Plessow** arbeitet seit über 20 Jahren in der Buchbranche als PR-Beraterin.

Annegret Ritter, geb. 1964, studierte Spielzeugdesign an der Burg Giebichenstein. Nach der Wende reiste sie erst einmal ausgiebig herum, bis sie sich in Hessen niederließ. Seither arbeitet sie freiberuflich als Illustratorin und Grafikerin und gibt Kurse für Kinder und Jugendliche.

Ein verlagsneues Buch kostet in ganz Deutschland und Österreich jeweils dasselbe. Das liegt an der gesetzlichen Buchpreisbindung, die dafür sorgt, dass die kulturelle Vielfalt erhalten und für die Leser bezahlbar bleibt. Also: Egal ob im Internet, in der Großbuchhandlung, beim lokalen Buchhändler, im Dorf oder in der Stadt – überall bekommen Sie Ihre verlagsneuen Bücher zum selben Preis.

Printed in Slovenia
ISBN 978-3-946593-14-0
www.jacobystuart.de
Unsere Trailer auf www.youtube.com/jacobystuart

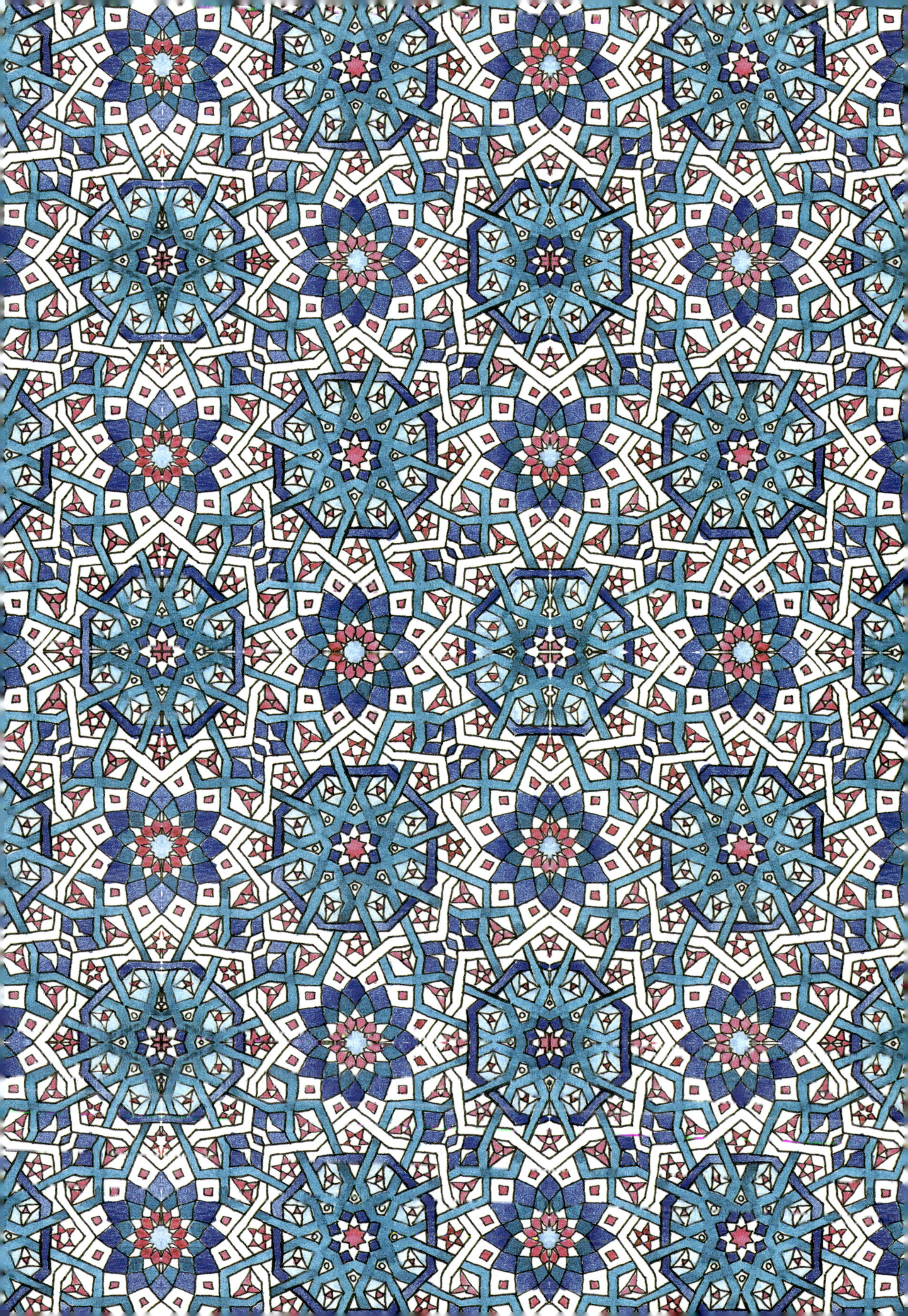

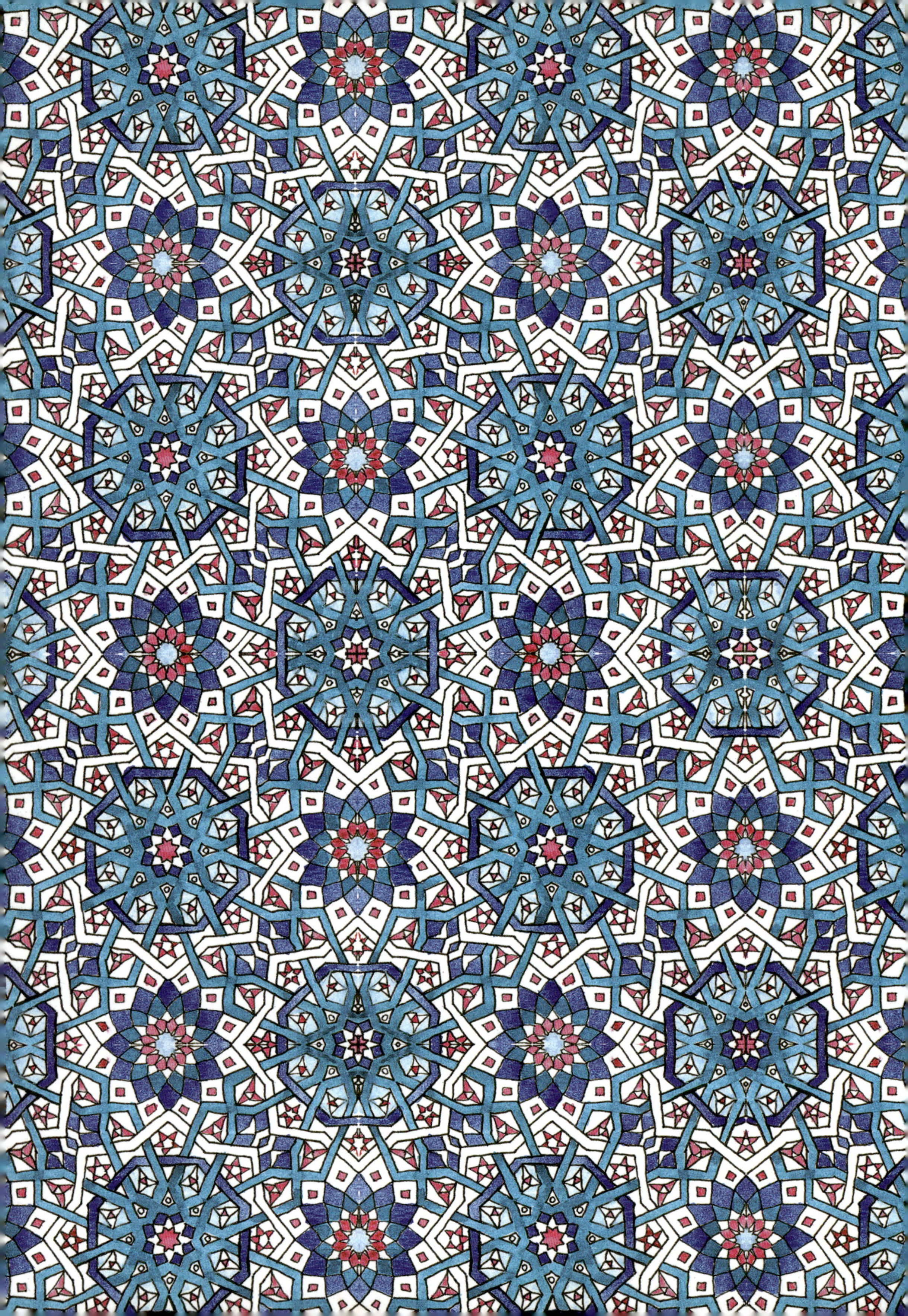